「文系力」こそ武器である

ぼんやりとした「文系人間」の真の強みを明かす

齋藤孝

詩想社
— 新書 —

［まえがき］

眠っている「文系力」を呼び覚まそう

はたして世の中の文系と言われる人たちのなかで、自分自身のことを「私は文系である」と胸を張って誇れる人がどれだけいるでしょうか。

私には、多くの文系の人が、自分が文系であることを自覚し、またそのことを誇りにして、自分の力につなげているということがあまりないのではないかと感じています。数学をどこかであきらめたから文系になった、というような、「理系になれなかった人＝文系」といった認識をもっている文系の人もいるのではないでしょうか。

もちろん文系、理系といっても、明確に一線を引くことは難しいことです。大学では学部として区別されていますが、理系の人のなかにも文系的な感性をもっている人はいますし、文系の人のなかにも、理系的な思考をもっている人もいます。ただ、大学教員として全学部の学生を教えてきた経験からすると、文系的なタイプと理系的なタイプというのは傾向としては明らかにあるように感じています。

理系の人たちは理系である自覚をもち、それを仕事に生かしています。理系であることを自体をアイデンティティ、自分の存在証明の一部としているのが彼らの傾向だと思います。

それに対し文系は、明確なアイデンティティとして自分を文系であると認識している人はあまりいません。結果として文系である、あるいはなんとなく文系であるという曖昧なタイプが多いように思います。

本書では、そのような曖昧な存在となりがちな文系の人たちに向けて、いまの時代において文系力というものがあるとしたら、それがどう社会に生かせるのか、そして自分の人生全体を豊かにするために、この文系力をどう役立たせることができるのかを提言してみたいと思います。

自分は文系である、そして文系力とはこういうものであり、それを自分はもっている、と自覚するだけで随分と結果は変わってくるものだと思います。

すべての力というものは、自覚することでその威力が倍加していくという傾向があります。たとえば誰かをなんとなく好きだと思っているだけのところから、友人に、「あの子のことが好きなんだ」「あの人のことが好きなのかもしれない」と話した途端に、恋心がものすごく燃え上がってくるということがあるものです。自覚して言葉にした途端、それが本気になってくるということがあるのです。ですから文系力というワードを自分で使ってみる、自分でそれを自覚してみることで、その力が増幅していくことを実感していただきたいと考えています。

もちろん、これからは理系的知識も必要です。それを踏まえたうえで、総合的な視野で物事をとらえていくという力を文系的と呼ぶならば、それは時代に求められている力だとも言えるわけです。

「あの人は文系だから」「自分は文系だから」といったネガティブな評価として文系を使うのではなく、ポジティブな評価、力として、文系をとらえてほしいという切なる願いを、文系人間として長く教師をやってきた私は感じています。

時代の趨勢が、必ずしも文系を不必要としているのではないことを、本書をお読みになって理解していただきたいと思っています。

この本のなかでは、「文系的な人は〜」「理系的な人は〜」といった言い方を何度もしていますが、これは本文（第五章）でも触れているマックス・ヴェーバーの「理念型（イデアルティプス）」のようなものです。そうした一〇〇％文系の人、一〇〇％理系の人だけがいるわけではありません。そういう傾向がある人という意味で、とらえていただければと思います。

齋藤孝

「文系力」こそ武器である◎目次

第2章 文系人間、理系人間とは何者か

第3章 理系にはない文系の強み

第5章 「文系力」が世界を変える

第6章 「文系力」を磨く読書法

企画協力／川端隆人
校　　正／萩原企画

第１章

なぜいま、「文系軽視」の時代なのか

日本社会の「理系重視」は、いつから始まったのか

二〇一五年、文科省は全国の国立大学に、教員養成系学部や人文社会系学部の廃止や組織改編を求める通知を出しました。文系学部の縮小を促すこの動きは、「文系軽視」と受け止められ、大きな反響を呼びました。

理系の研究者や技術者をより多く育てるべきで、なんの役に立つのかはっきりしない文系学部の定員は減らしてもいいのではないか、といった風潮も最近広がってきているように感じます。

しかし日本では、こうした「理系重視」「文系軽視」と言われる動きは、いまに始まったことではありません。

戦後、日本が技術立国・科学立国として立ち直っていくなかで、技術者が重要で

あるということは、これまでずっと社会の共通認識でした。

もっと遡れば、繊維工業などの軽工業から、鉄鋼・造船などの重工業への移行が始まった明治時代から、技術者の養成が国力増強に欠かせず、いわゆる理系は重視されてきたのです。その流れが、第二次大戦後、いっそう加速し、大量の技術者が必要とされ、理工系学部の定員がどんどん増えてきました。

そして現在、産業革命時の技術の延長線上ではない、ＩＴを中心とした技術革新の大波が押し寄せてきており、そのため「技術が国を支えるのだ」という意識があらためて高まってきていると言えます。

そもそも理系重視の考え方は、ある意味、明治維新以来、かたちを変えてずっとこの国に続いてきたものなのです。

福沢諭吉は『学問のすすめ』のなかで「実学」が大切だと言いました。実学とは、実際に世の中を変えることのできる力、実用的な力という意味ですから、つまるところ科学のことです。

たとえば、物理学を知っていれば、物理的な現象を利用してさまざまな生産活動が可能になり、経済を発展させ、国力を高めることができるわけです。

ですから、明治維新期、西洋からまず導入されたのは、いまで言う理系の知識、進んだ科学技術であり、このときから理系重視はすでに始まっていたのです。

江戸時代はみな文系人間だった

明治維新期、実学＝西洋の科学技術と対照的であったのが漢学です。

漢学とは中国伝来の学問のことですが、主にそれは『論語』や『孟子』などの四書五経を頂点とする、儒教のことです。

儒教は江戸時代の王道的な学問であり、現在の小学生くらいの子どもが通う寺子屋でも、儒教の考えを素読して身につけるという教育法が中心でした。

私は、寺子屋で使われていた『実語教』『童子教』といったテキストを現代語訳していますが、読んでいただくとわかりますが、その内容はきわめて精神的なものです。

親にちゃんと孝行しなさい、人に嘘をついてはいけません……といったようなことを、儒教の仁義礼智といった教えと結びつけて語っているわけです。それを声に出して読みながら身に刻んでいく素読が、江戸時代の教育法だったのです。

これは、非常に文系的な学問といえます。どのように生きるのかを言葉で伝え、それを言葉で受け取り、理解し、そして自分の生き方を常にその言葉に照らしてチェックして道を間違わないように生きていく。言葉を中心にして自分を整えていく作業は、間違いなく文系的でしょう。

一方で、江戸時代の科学教育はどうだったのでしょうか。

読み書きそろばんというくらいで、たしかに計算も教育の重要な要素ではありましたが、それはあくまでも実用的な範囲での算術教育に留まるものでした。

理系的な発想を伸ばすような、体系的な教え方をしていたわけではなかったのです。関孝和のような和算の大家や暦法をつくった渋川春海らもいましたが、総じて言えば、江戸時代の日本人は、ほとんど文系人間だったと言ってもいいのでしょう。

なぜいま、「理系重視」の傾向が強まっているのか

明治維新期になると、最新の科学技術導入が日本にとっての急務となりました。欧米列強がアジアに進出するなか、植民地とならずに独立を保つためには、近代化と国力の増強を急がなければならなかったのです。

工場をどんどんつくらなければいけない、工場には技術者が必要である。技術者を育てるにはその指導者も必要だ。ということで、当初は海外の専門家を「お雇い外国人」として非常に高い給料で招聘し、教育にあたってもらいました。

しばらくすると、外国人の先生に教わった日本人が研究者、教育者として独り立ちし、大学の先生となって次世代を教えるようになります。こうして理系の技術者が再生産されていく仕組みができあがりました。

大学のような教育機関のみならず、富岡製糸場のような官製の工場で技術を覚えた人たちも、後進の指導にあたるようになりました。現場で学んだ技術を、次々と増えていく新たな工場に伝え、若い技術者を育てていきました。こうして理系の人材を拡大・再生産していくという循環ができあがり、今日に至っているのです。

つまり、技術が大事だという認識は、明治維新以降の日本では不変のものです。現代に至るまでずっと理系重視だった、と言ってもいいのでしょう。

ただ、現在は、ＩＴの技術革新の大波がどっと押し寄せていて、それに急きょ対応しなければならないという状況であり、さらに技術者の重要性が意識されていると言えます。

たとえば、インド人はＩＴ系で非常に優秀であるとされています。Google のような現代を代表する企業のトップにインド人の技術者がいる。インドはアメリカに行ってもトップに立つような理系の人材を輩出している。その教育を見ると、初等教育における二桁の掛け算に代表されるような、数学教育に力を入れていることがわかるわけです。

あるいは、海外の先進的な企業のリーダーたちに理系出身者が多く、非常にてきぱきした、理系的な考え方ができる人物が増えてきています。これまで普通だった、法学部や経済学部を出た、いかにも文系的な経営者ではなく、理系出身の経営者が実力を発揮する時代になってきています。

そのような現実を見たうえで、日本の数学、理科系の教育を見ると、どうやらちょっと手薄なのではないか……という不安が出てきており、そのため理系教育の拡充などがあらためて取りざたされるようになってきたのです。

これだけものすごいスピードで技術革新が進み、今後もこのペースで進んでいくということになると、技術に疎い人には何が起こっているのかさえわからない状況になっていくでしょう。

完全文系の人たちだけの組織では、右も左もわからないまま変化に振り回されることになってしまいます。これでは企業としても、日本という国としても問題です。

あらためて「理系をもっと充実させよう」という機運が盛り上がるのは当然のことでしょう。

ＩＴ全盛の世だが、決して「理系の時代」ではない

情報技術が猛スピードで進化する現代は、文系の人間に要求される最低限の技術的知識の水準も高くなってきています。

たとえば、文系だからパソコンをまったく操作できない、ということでは仕事にはならないでしょう。文系の人間は、理系的な知識からまったく無縁ですむという時代ではなくなってきており、理系的、技術的知識が文系の人にもそれなりに求められるようになってきているのです。

しかしながら、ＩＴを中心とした技術革新の時代が、すなわち理系の時代であるとは私は考えていません。

たとえば、パーソナルコンピュータとスマートフォンを商品化し、インターネッ

トを万人が使える道具にしたアップルの故スティーブ・ジョブズは理系人間だったでしょうか。

大学を中退して、その後はカリグラフィー（西洋書道）や美学の講義をモグリ受講していたというジョブズは、明らかに文系の人間です。

スティーブ・ジョブズは、「これが美しい」「これが必要だ」という総合的な価値判断、未来に対するビジョンをもっていました。それにしたがって、「こういうものをつくれ」というミッションを技術者に与えました。

そのミッションに、相棒のスティーブ・ウォズニアックをはじめとする優れた技術者たちが対応し、アップルはＩＴ革命の旗手となっていったのです。

アップルの場合にかぎらず、総合的な視野と価値判断に基づいて組織を動かすのが経営者の仕事です。いわばジェネラリスト的な能力を求められるのが、経営者なのです。

技術革新の時代といっても、必ずしも技術者がすべてを動かしていくわけではなく、理系の人たちがもっている技術を最終的に統合していくポジションに文系的な人間がいるということが多いのです。

こうした総合的な能力、さまざまな要素を統合する能力については、理系のある分野を突き詰めていけば身につけられるというものではありません。

化学のある分野が得意だからといって、化学メーカーを率いていく総合的な視野が得られるという保証はないわけです。

理系の長所であり、短所でもある点というのは、その専門性です。

科学というのは専門性がはっきりしているものです。自分の専門領域をはっきりと言えないなどという科学者はいません。大学の研究室では、学生は先生の専門分野について、来る日も来る日も実験を繰り返すという教育を受けます。

もちろん、研究室で専門領域を学ぶ前の、化学なり物理学なりの基本的な勉強だけでも、学ぶべきことは膨大です。しかも、各分野ともカリキュラムがしっかりと確立されていますから、理系の学生は学部の一年生の頃からそれについていくだけでも大変です。そのうえで、研究室での実験漬けの毎日に突入するわけです。

結果、限られた領域に関しては驚くほど詳しいけれども、広く社会全体に目を配る余裕はなくなります。

言うまでもなく、人間の生活のなかにはいろいろな面があります。精神面もありますし、コミュニケーションの面もある。そして経済の面があり、教育の面がある。しかし専門分野に没頭すると、世の中を総合的に見る余裕がなくなり、それどころか、隣接する学問にすら目を向けることも難しくなってしまいます。

たとえば、化学を研究する人は同時に物理を研究することはあまりありません。現在の科学は専門性が非常に高いので、専門分野にエネルギーを注ぐことになります。

一般に理系は専門性の高さが際立っています。ジェネラリスト的というよりは、スペシャリスト的な志向が理系の学生にはあると感じます。

理系のカリキュラムは専門性を確保する必要から、全体を見渡すジェネラリスト的な人が育ちづらい事情があります。

ここに理系の弱点があり、同時に、現代社会のなかで文系の人間がいかに強みを発揮していくかということのヒントもあるように思います。

「理系になれなかった人」が「文系の人」なのではない

理系はその研究成果や技術力によって社会に貢献しているけれども、文系は「社会の役にあまり立たない」といった見方をされることもあります。理系の人がそのように考えるのならまだしも、文系の人たち自身もそのように考えていることが多いように私には思えます。

これは、文系の人自身が、文系人間とは何者なのか、という点をよく理解していないからだと考えます。文系の人が、文系とは何かを理解していないから、いたずらに自分を卑下し、その文系の強みも生かしきれないということが起こるのです。

私は大学では主に、教員養成に携わっています。文系・理系を問わず、中学・高校の教員になろうとしている学生を教えており、文学部所属ではありますが、すべての学部の学生を教える機会があり、理工学部や農学部の学生も教え子にはたくさんいます。

ですから、文系と理系の学生がまざる授業をやることもあります。そのとき感じるのは、文系の学生と理系の学生の力の差です。数学や理科の分野の話題になったときに、極端な力の差を感じるのです。

数学や理科の話と言っても、文理共通の授業で取り上げる話題ですから、最先端の専門的知識というわけではないのはもちろんです。あくまでも一般教養レベルの話題なのに、理解力に極端な力の差があるのです。

数学や理科の話なら、理系の学生のほうが優れているのが当たり前だと思うかもしれませんが、一方で、英語や日本語などの文系が得意とする分野では、文系がそこまで理系を圧倒するほど、できるということはありません。

理系の学生も日本人なら日本語はある程度できますし、英語は理系だと英語の論文を読み書きすることが多いので、場合によっては、文系よりもよくできたりすることもあるのです。

　このような状況を見ると、理系の学生のほうが文系よりも優秀だと思えてきます。「文転」という大学受験用語がありますが、これは、理系の学部を目指していた受験生が文系学部志望に転向することをいいます。

　たとえば、私の友人は東大の理科系を目指して理科系科目に重きをおいて勉強していたのに、受験半年前に文転して、東大の文科系を受けて、実際に受かってしまいました。

　一般的な傾向として、理科系の科目をしっかり勉強してきた受験生は、仮に本番の半年前に文転して、文科系科目の勉強に全力を注いでいたとしても、いきなり数学の力が落ちるということはありません。また、文科系科目の勉強は、比較的短期間での挽回が可能な科目でもありますから、「文転」は成功することがあるのです。

　これに対して、それまで文科系の学部を目指してきた受験生が、半年前に「理転」するというのはとても難しいことです。理科系の科目というのは、体系的に構築されていますので、途中からパッと学び直すことが難しい。一段、一段、積み上げながら学んでいくものですので、これまで何もやっていない人が、半年でパッとできるようになるのは不可能に近いでしょう。

私は高校生のときから文系でしたが、数学は数Ⅰ、数Ⅱに加えて数Ⅲまで勉強していましたし、共通一次試験（現在のセンター試験）では、物理と化学を選択しました。文系のなかでは、比較的理科系科目も得意なほうでしたが、私の実感としても、文系の人が理転することはかなり大変なことだと思います。

つまり、「理系はいつでも文系になれるが、文系はそう簡単に理系にはなれない」という現実があるのです。

こうした事実を見ると、理系のほうが優位に思えてきますが、それはそれぞれの学問の質の違いからくるものであり、必ずしも優劣ではないように思います。

基本的には理系の学問のほうが完成度が高く、カリキュラムがしっかりしているので、途中で挫折するとなかなかついていけないものなのです。いったんやめてしまうと、また途中から学び始めることが難しくなります。

文系の人たちが多かれ少なかれ感じていることは、「自分は数学や物理など理系科目をあきらめた」という意識です。高校生までの間に理科系の科目で挫折し、「なんとなく文系になった」といった感覚です。

受験科目に理系科目がない、私立文系学部の学生、卒業生はなおさらそうだと思います。

私もまさに私立文系の学生を教えているわけですが、彼らがはっきりと「自分たちは文系である」と思っているかというと、やはりそうではないような気がします。「はい、私は文系です」と答える人にしても、「では、どのくらい本を読んでいるの？」と質問されて「月に〇冊は読んでいます」とはっきり答えられる人は少ないでしょう。先日発表された統計では、大学生であるにもかかわらず、月の読書時間がゼロという学生が四九％もいるのです。そのうちに、文系学生が相当な割合で含まれています。

月の読書時間がゼロ、あるいはそれに近い水準という学生を、いくら文系学部に所属しているからとはいえ、文系の人間だと言えるのでしょうか。実は、文系だと自認している人たちのかなりの部分は、「単に理系ではない、ぼんやりとした人」

として自分たちのことを認識しているのです。

これに対して、理系の人たちには「自分は理系である」という自覚がしっかりとあり、それもアイデンティティの一部となっています。その根底にあるのは、前述した学問の厳密さ、カリキュラムの完成度でしょう。自分の強みをしっかり自覚して日々取り組んでいる理系の人と、ぼんやりとした認識で日々生きている文系の人では、理系の人のほうが優秀になるのは当然と言えます。

しかし、文系とは「単に理系ではない人」では決してありません。文系には文系の強みがあるのです。「自分は文系である」と自覚し、誇りをもって生きていくためには何をより所にすればいいのか。また、文系である自分の強みをどのように伸ばし、生かしていけばいいのかを見つけることが、本書のテーマになります。

第２章

文系人間、理系人間とは何者か

ぼんやりしているところこそ文系のよさである

文系は、「単に理系でないというだけの、ぼんやりした人たち」であってはいけないと言いました。とはいえ、実はぼんやりしているということ自体は、決して悪いことではありません。私は典型的な文系の一人です。ずっと文系として生きてきて、文系のよさを感じます。

では、文系のどこがいいのか。文系の長所はいくつもありますが、一つにはぼんやりしているところこそがいい、と思います。

理系に比べると専門性がはっきりしていなくてぼんやりしているぶん、いろいろな分野について興味関心を広げていきやすいのです。

前述のとおり、理科系学部の大学生は、カリキュラムがしっかりしていて日常の授業についていくだけでも大変です。専門性がはっきりしていますので、自分の専門については非常に深く入り込んでいますが、そのほかの分野に興味を示したり、学んだりする余裕はありません。

特に、三年生から大学の研究室に入ると、毎日、朝から晩まで実験室にこもりきりということも珍しくありません。

そうすると、新聞を毎日読んだり、ぶらぶらと海外を貧乏旅行で回ったり、合コンをしたり、読書三昧の日々を送ったり、映画に狂って名画座やフィルムセンターに通いつめたり……などといったことをやっているひまも基本的にありません。

このような一見無用な、しかしある意味で大学生らしい活動は、ぼんやりした生活をしている文系の学生のほうがやりやすいわけです。

文系のよさとは、特に専門的に何かを学んだわけではないが、大学時代に遊びも含めてさまざまなことをやってきたという点です。そのため視野が広く、特定の得意なことだけに興味があるのではなく、関心領域が社会の全般に広がっています。

この点は、文系人間の強みとして、まず自覚していただきたい部分です。

曖昧でとらえづらいものへの関心が高い文系人間

科学というのは非常に手続きがはっきりした世界ですから、科学の手順にしたがわなければ意味がありません。簡単に言うと、科学のルールにしたがった論文を書き、科学のルールにのっとった審査を受けなければ評価されません。

しかし、世の中はすべて科学でできているわけではありません。

たとえば、人生には恋愛をして、結婚をして、子どもが生まれて……という循環があります。恋愛は基本的には、相手とのコミュニケーションによって成り立っています。コミュニケーションがうまくできて、相手の気持ちがわかり、こちらの気持ちをうまく伝えることができて、はじめて恋愛は成立します。

つまり、コミュニケーション力が、人が家族をつくり子どもを生み育てていくうえで非常に重要な要素になります。コミュニケーション力がなければ、現在問題になっている少子化もくい止められないと言えるでしょう。

人とうまくやっていけるコミュニケーション力は、恋愛に限らず、人が社会生活を営むうえでとても必要なものです。そしてコミュニケーションとは、主に言葉を使って行うものです。言葉で自分の感情を表現し、相手の感情を言葉から読み取る。あるいは、相手の心理を読み取って適切な言葉を選ぶ。このような言葉を中心とした作業は、文系の人のほうが一般的に関心も高く、能力も高いとされるものです。

たとえば、人にはそれぞれタブーの話題があることがありますが、そういった相手の微妙な心理を、言葉の端々や表情などから読むことも文系の人は得意です。「この人とは学歴の話は避けたほうがいいな」、「この人には容姿の話をしないほうがいい」、「この人の前職には触れないほうがいい」など、細かな判断の集積のなかで、人と人とのやり取りは実際、穏便に行われているのです。そうした能力に長けているのが文系人間と言えるでしょう。

細かい心理の分析というのは、基本的に文系が得意とするところです。もちろん、科学としての心理学は理系的な性格も強いですし、特に行動主義心理学では実験を重視します。しかし、私たちが日常でやり取りする、相手の心の読解というものは、文系的な技術と言えるものです。

その典型例が、小説の読解です。小説に書かれていることの中心は、人間の心理です。たとえばドストエフスキーの小説では、登場人物たちが、それぞれの心理をもち、感情をもち、それを言葉でぶつけ合いながらやり取りしていく様子が描かれているわけです。つまりそのような小説が好きという人は、人間の心理を読み取るのが好きなのです。ドストエフスキーでも、芥川龍之介でも、太宰治でも、村上春樹でも、およそ小説は、人間の心理を描いているのです。

もちろん、理系にも小説好きな人、文学通の人はいます。そういう人は、理系でありながら文系的な感性、センス、思考をもっているということです。とはいえ、やはり文学を好む人の比率は圧倒的に文系のほうが高いでしょう。

その根本には、言葉と人間への関心があります。科学的にはとらえづらい領域に対しての深い関心です。ここが、文系人間の一つの特徴であり、強みと言えます。

とても厳格な「理系の知」

理系とは、基本的に科学のルールのなかで学び、考える人たちです。

文系とは何か、その強みは何かを考えるときには、何が科学ではないのかを考えてみるといいでしょう。

科学は、研究の手順がはっきりしていて、対象がはっきりしています。前述のように科学のルールにのっとった論文を書かなくては評価されないし、そもそも何を研究対象にするかで厳密に専門分野が分けられています。

決められた手順で、厳密な実験・観察をし、仮説を検証していくというきっちりしたプロセスが好きな人にとっては、科学＝理科系の学問というのはたまらなく魅力的です。

しかし、この科学になじみにくい研究対象もなかにはあります。実は、人間のやることの多くが、科学的な研究にはなじまないものです。

人間の行動は、仮説を立てて観察・実験をしたところではっきりとは理解できないものですし、それ以前に実験などできないことも多いでしょう。

たとえば、フロイトは心理学を生物学のような科学にしたいと考えていましたが、彼の試みは成功したとは言えません。結局のところ、人間の意識、あるいはフロイトが重視した無意識の世界がどうなっているのかを証明するのは難しいのです。

また、現在フロイトの理論によってどれだけ精神的な病が治るのかという実践的な価値においても、決定的に高いとは言いがたいものがあります。彼の提唱した精神分析理論は、いくつもある治療法のなかの一つという位置づけにとどまっています。

フロイトだけではなく、ユングの理論であれ、アドラーの理論であれ、どれが正しいのか、あるいはどれがもっとも確からしいのか、という結論さえ出ていません。

だから、心理学というのはあまり科学的ではない、という批判をする人もいます。カール・ポパーという哲学者は、「科学的であるということは、反証可能性があるということである」と定義しています。

反証可能性というのはこういうことです。

誰かが説を唱えたとしましょう。たとえば、「ブラジル人はサッカーが上手い」という説です。

このときに、サッカーが上手くないブラジル人を連れてくれば、「ブラジル人でもサッカーが上手いとはかぎらないよ」と言えます。この場合、サッカーが上手くないブラジル人という実例が反証です。

同様に、「日本人は英語の発音が悪い」という説を唱える人がいたら、日本に生まれ育ったけれども英語の発音がいい人を反証として連れてくれば、この説を否定できます。

いま挙げた二つの例における「ブラジル人はサッカーが上手い」「日本人は英語の発音が悪い」という主張を、命題と言います。どちらも反証が出てきたので、二つの命題は科学的には真ではないということになります。

このように反証を出されたら、潔く間違いだったと認めて説を引っ込めるのが科学のルールです。

反証が出てくるかもしれない、つまり反証可能性があるということをいつでも念頭においていると、軽々しいことは言えなくなります。

「自分の観察によると、ブラジル人はサッカーが上手いと言えそうだ。でも、ちょっと待てよ。サッカーが下手なブラジル人もいるかもしれない。もう少しよく調べてみよう」ということになります。「そもそも上手い下手の基準はどこにおけばいいんだろう」と考えは進みます。こうして、科学の研究における厳密さが保たれているわけです。

ところが、説を唱える人のなかには、反証を出されても潔く間違いを認められない人がいます。「いや、サッカーが下手なブラジル人もいるだろうけれども、何だかんだ言ってブラジル人っていうのは、みんなサッカーが上手いんだよ」などと言い張る人がいる。このように反証を受け入れない姿勢は、科学的ではありません。

　また、反証しようにも反証できないものも、科学ではありません。一般に宗教はあまり科学的ではないと思われていますが、これはカール・ポパーの論理にしたがえば、宗教は反証可能性に欠けているからです。

「これは神の起こした奇蹟だ」と主張されたとして、それを反証する術はありません。「いいえ、これはこういう科学現象で」と反証を出したとしても、神を信じる人とは議論がかみ合わず、納得しないでしょう。「やはりそこに神の意図がある」と相手は自説を主張するだけかもしれません。

　このように反証を出しても反証にならず、いかようにも言えてしまうものを議論しても、話は前に進みません。

　ですから反証可能なものについてだけ議論し、反証があれば否定し、そのうえでさらに確からしい説を出し、これに対してまた反証を出し……というように、一歩一歩道を踏み固めて、確からしい説を着実に積み重ねていくのが科学というものなのです。

　この厳格な思考の手続きを担っているのが、理系の人間になります。

ぼんやりとした共通理解としての「文系の知」

これに対して、文系の知識はどうでしょうか。それは、ぼんやりと「こんな感じじゃないか」「およそ、こうではないか」という、なんとなくの共通理解を積み重ねていくものです。

たとえば、『論語』には「人間には三徳が大事である」と書いてあります。智仁勇といって、知性、思いやり、勇気が大事であり、勇気には行動もともなわなくてはいけない、と解釈されています。

知性に基づく判断力があり、他人に対する思いやりがあって、そして勇気をもって行動する人なら、立派な経営者にもなれるでしょうし、立派な教師にもなれるでしょう。立派なお医者さんにも、政治家にもなれそうです。だから、『論語』のこの主張は「まあ、そうだろうな」「いいことを言っているな」と思えます。

しかし、この主張が科学的とは言えません。「人間には三徳が大事である」という命題の意味はどうとでもとれますし、反証のしようがありません。

同様に、仏教で「慈悲の心が大事である」というのも、たしかにそんな気はするけれども、反証可能性がありません。

ユダヤ教、キリスト教、イスラム教といった一神教の思想は神が万物を創造したと主張します。たしかに、自然界の絶妙な摂理を目の当たりにすると、そうなのかもしれないと思えることもあります。しかし、これも反証可能な主張ではなく、科学的とは言えません。

では、反証可能性のない文系の知識は無意味なものでしょうか。そんなことはありません。『論語』をはじめとする儒教思想も、仏教思想も、ユダヤ教、キリスト教、イスラム教の一神教思想も、古代から現在に至るまで強い力をもって社会に影響を与えています。

文系の知識というのは、「これは、だいたいのところ、こうなんじゃないのかな」

ということを言って、しばらくすると別の人がまた「いや、これはこうだろう」と言う。また別の人は別のことを、やはりぼんやりと言う。こうして、いろいろな人がいろいろなことを、百花繚乱のように言っていき、「およそ、こんなことだろう」と共通理解しているのが文系の知識なのです。

たしかにぼんやりとした、なんとなくの共通理解ではあるけれども、そのなかでも大多数の支持を受けたものは、現実を大きく動かしていきます。

こうしたぼんやりとした共通理解のことを思想と言います。文系の知識の多くは、思想なのです。

そのなかでも、典型的な例と言えるのが社会主義思想というものです。

現実を大きく動かす「お気楽な」文系の知

あらためて言うまでもなく、社会主義思想は現実を大きく動かし、世界を大きく変えました。

一時期は、世界地図で見ると半分くらいが赤く塗られるくらい、社会主義、共産主義思想の国が生まれました。ユーラシア大陸では、ロシア、中国に加えて東ヨーロッパも冷戦時代には「共産圏」でした。

興味深いのは、これらの国々では、自分たちのよって立つ思想を「科学的社会主義」と呼んでいたことです。科学的社会主義の対義語は、空想的社会主義です。

それまでの空想的な社会主義とは違い、カール・マルクスの社会主義は精緻な経済的分析を基礎とする科学的なものである。それを体現しているのが我々だ、というわけです。

しかし、前述のカール・ポパーの立場からすると、科学的社会主義は科学ではありません。科学的であるとも言えません。

たとえば、マルクスはこんなことを言っています。「階級闘争によって、ブルジョアジーが支配階級を倒して台頭する。その次に、労働者階級がブルジョアジーを倒す。これは歴史的な法則なのだ」と。

このことを、マルクスは経済的な分析を根拠にして主張していますが、実は、その主張の背景には、「階級差別はいけない」「格差はいけない」「プロレタリアートが団結してブルジョアを倒すべきだ」というイデオロギーが存在しているのです。つまり、「そうだったらいいな」「そうあるべきだ」という思いから、生まれたものです。だから、科学ではなく思想なのです。

マルクスは、思想である科学的社会主義を、あたかも科学的な法則のように語ったわけです。

思想は科学とは違い、正しいものだけを残していくという厳密な手続きを要求されません。たとえ根拠がはっきりしなくても、「そのように考えた」ということは自由です。これは、儒教思想でもキリスト教の思想でも社会主義思想でも同じです。

このように、科学のように厳密な手続きを要求されないために、思想という領域では、いわば大幅な言論の自由が保障されています。みんながそれぞれの考えをもって、それぞれの世界観をもって発言していい。このような発言の気楽さ、自由さが、科学にはない思想のよさであり、ひいては文系のよさでもあります。

証明されたことしか言えない、論証されたことしか発言してはいけないというのであれば、それは困ったことです。ずいぶんと息苦しい社会になりますし、斬新な発想も生まれてこないでしょう。

自由な発言が認められるということは、民主主義社会を維持していくためにも非常に重要なことです。

「だいたい、こうだよね」というようなアバウトなことを気楽に言える。曖昧さをむしろ積極的に活用して、自由に思考していく。これが文系の知の特質です。

理系に憧れてきた文系

厳密な科学を担う理系と、曖昧な思想を担当する文系。両者のちょうど境界線にあるのが経済学です。

大学の経済学部は文系の学部に分類されていますが、今日の経済学の主流は、統計的なデータを活用し、数学を高度に駆使したものになっています。

いわゆる近代経済学の勉強は、数学ができないとなかなか厳しいと言われていて、高校時代に数学を早々とあきらめた私立文系の学生などは、経済学部に入ってから愕然とする、というようなことがよくあります。

経済理論を科学的な理論にしたいという経済学者たちの思いが、これまで経済学において数学的な要素を盛んに導入してきたと言えるでしょう。

しかし、経済という現象ははたして科学の研究対象になり得るのかと言えば、難しいところです。

物理学については、ある理論を立て、実験をしてその理論が実際の物理現象に即しているかどうかをチェックすることができます。ですから、物理学は完全な科学と言えます。

ところが、経済学の理論というのは、いくら理論を打ち立てても、実際の経済現象を説明することに成功していません。いつもどこか、ずれるのです。経済学者の経済予測が当たらない、というのは有名な話です。

「よくもまあ、この人は毎年毎年予測を外しながら、また来年の予測を語るものだ」――そんなふうに感じる経済学の専門家はたくさんいます。

最近の例では、ドナルド・トランプが大統領になったらアメリカの株価は下がると多くのエコノミストは予測していましたが、実際、トランプ大統領が誕生すると、株価は一瞬下がったものの、その後はどんどん上がっていきました。このようなほんの数週間先のことさえ、まだ予測できないのが経済学なのです。

そして、予測が当たらないことについてエコノミストたちは特に反省もしていない様子です。物理学者なら、自分の立てた理論どおりの実験結果が出なかったら、理論の間違いを早々に認めて引っ込めるはずです。それが科学的な態度というものです。

しかし、そのような経済学も、科学になりたいと志向しているのは確かです。前述した心理学もそうですし、大学で研究しているような学問は基本的には論文を書くことを目的にしていますから、その意味ですべての学問は科学になりたがっていると言ってもいいと思います。

いわゆる文系学問が憧れる科学のモデル、理想型が物理学になります。物理学は学問の華ともいうべき存在です。

ガリレオ・ガリレイから始まって、ガリレオが死ぬのと入れ代わるように生まれたニュートンが体系化した物理学は、万物の法則を説明できる科学になりました。これぞ人類の智の最高峰である、と知的な人であれば誰もが憧れてきました。

もちろん、ガリレオやニュートンと同じくらいシェイクスピア、ゲーテもすばらしいことを言っているではないかと指摘されれば、そのとおりだと私は思います。しかし、ゲーテやシェイクスピアは宇宙の普遍的な法則を解明したわけではありません。ニュートンの運動方程式、「F＝ma（力＝質量×加速度）」のように動かしようがない真理を打ち立てたわけではないのです。

文系の学者たちが、どこかで理系に憧れてしまうのはこういったところがあるからでしょう。

しかし興味深いのは、この先です。近代科学をつくった、いわば理系の祖と言っていいニュートン、あるいはその同時代の科学者たちは、必ずしも理系的な発想に立っていたわけではないということです。彼らを突き動かしていたのは、ある種の文系的な意図でもあったのです。

文系、理系などという区別はなかった

惑星の運動が楕円軌道を描くことを発見したのは、ニュートンより少し前の時代の科学者、ケプラーです。それまでは、惑星は円形の軌道を描いて運動をすると信じられていました。ところが、実際に惑星の運動を観察した結果がこの理論に合わない。円運動だとすると説明がつかないわけです。

ケプラーは、あらためて観測数値を基に膨大な計算を繰り返しました。その結果、惑星は楕円の軌道を描いて運動しているということに気がつきました。この仮説に観測数値を当てはめてみると、ピタリと計算が合ったのです。

わかってみると簡単なことなのですが、誰もが惑星は円運動をしていると信じているなかで、楕円軌道という発想をしたところがケプラーの偉大さです。

科学史家の村上陽一郎先生によれば、ケプラーが天体の運動を研究し、その謎を追究していった動機は、実は「神の意志を証明したい」という思いだったそうです。神はこの世界を不合理につくるはずがない。この世界、宇宙は、かならず神の意志にもとづく秩序、すなわち法則に貫かれているはずである。その法則を解き明かすのだ、というのがケプラーの動機でした。

これは、ニュートンにも共通する動機です。神の意志としての整合的な自然法則を解き明かしたい、と近代科学の先駆者たちは考え、観察や実験、考察を繰り返しました。その結果、惑星の楕円軌道や、F＝maという数式を見いだしたのです。

近代科学をつくった天才たちですが、実は彼らを動かしていたのは、必ずしも理系的な思考だけでなく、宗教という文系的な思想でもあったのです。

皮肉なことに、ケプラーやニュートン以降、科学と宗教は対立関係に入っていきます。彼らが見つけた自然法則は神の存在を証明することにはならず、「神ではなく、自然法則が世界を支配している」と考えられるようになっていったのです。

ケプラーは神の意志を証明したいという動機で惑星の軌道を研究しましたが、その動機がどのようなものであったとしても、惑星の軌道を観測したとすれば、やはり楕円軌道を描いて運動しているという結果にたどり着きます。このように、見る人の意見や立場によって結論が変わらない、それが科学的ということです。「三角形の内角の和は一八〇度」ということも、見る人によって違うということはありません。誰がどう計測しても三角形の内角の和は一八〇度です。

これまで作図されたあらゆる三角形の内角の和は一八〇度ですし、まだ描かれてない、未来において描かれる三角形もすべて、内角の和は一八〇度になります。球体の表面に描かれた場合はともかく、平面の場合、計測の必要なく一八〇度なのです。これが科学的な証明の美しさです。

科学的証明の手続きは、エジプトの天文学を起源として、ギリシャのピタゴラス学派が確立したものです。ケプラーやニュートンからさらに科学の歴史を遡ると、その起源には「ピタゴラスの定理」で有名なピタゴラスがいるわけです。

このピタゴラス学派に非常に多くの影響を受けたのが、プラトンでした。プラトンといえば、『国家』で有名な古代ギリシャの哲学者です。哲学者ですから、文系の大巨頭と言っていいでしょう。プラトンは「イデア」という考え方を提唱しました。たとえば、完全なる正三角形を人の手で描くのは不可能でしょう。どうしてもかすかなズレが出ます。六〇度の角度をつくったと思っても、厳密には五九・九九九九九……度となってしまいます。

しかし、ここが大事なところですが、三つの角がそれぞれ六〇度の完全なる正三角形を、私たちは思い描くことはできます。これが「イデア」というものだとプラトンは考えました。数学の授業で、先生がフリーハンドで黒板に「正三角形」を描く。実際に分度器を当ててみたら、ちょうど六〇度の角はひとつもないでしょう。しかし、「これを六〇度と見なす」として幾何の問題を解いていくことはできます。私たちがこのように思考できるのは、正三角形の「イデア」があるからです。

同様に、ちょっと曲がった線を直線と見なす、ゆがんだマルを円と見なす、といったことは幾何学の世界では当たり前です。ピタゴラスのこの思考法に影響を受けながら、プラトンは「イデア」という考え方をつくっていきました。

プラトンは、自分の学園（アカデメイア）の門のかたわらに「幾何学を知らざるものは、この門から入るべからず」という看板を掲げたといいます。

現在では文系の大巨頭と思われている大哲学者は、「幾何学を勉強していないような者には教えることはない」と、今日の目で見ると、まるで文系を排除するようなことを言っていたわけです。

もちろん、プラトンは文系を排除しようとしたのではありません。そもそも当時、文系・理系などという分類はありませんでした。プラトンの弟子のアリストテレスの業績など、「悲劇の本質はカタルシスである」と喝破した『詩学』などの文学論から、生物学や宇宙の物理法則まで、森羅万象に及びます。プラトンやアリストテレスにかぎらず、古代ギリシャの学者は、理系、文系の区別なく広範囲に学んでいます。「幾何学を知らざるものは、この門から入るべからず」というプラトンの言葉は、「学問をやるのなら、ちゃんとしたものの考え方ができなくてはいけない」という意味なのです。

文系・理系について考えるなら、両者が分かれていなかった時代が長くあったことにも思いを致すべきです。もともと、それぞれ「学問」ということに変わりはなく、大きな区別をする必要はないのです。現在でも、欧米の学者を見ていると、文系の学部を出たあとに理系の学部に行ったり、理系の研究者だけれども文系の領域で業績を上げたりという人は珍しくありません。

ニュートン以降、理科系の学問＝科学が確立するにしたがって、文系・理系の区分けは、とりわけ日本では強調されるようになってきました。

大学では、座学だけで済むカリキュラムと、実験室や農場が必要なカリキュラムは分けたほうが便利なので、学部のみならずキャンパスまで文系キャンパスと理系キャンパスというように分けることもよくあります。

それに対応して、高校では受験戦略上の文系・理系という分け方が行われ、高校生もそれに合わせて理系または文系と自己規定してきました。

しかし、文系と理系の区別というのは、必ずしも絶対的なものではないということも知っておくべきでしょう。

理系的な「頭のよさ」とは何か

私たちはよく「頭がいい」という言葉を使いますが、そもそも「頭がいい」とはどのようなことを言うのでしょうか。また、文系と理系で、「頭のよさ」に違いはあるのでしょうか。

たとえば、数学が抜群にできる人がいると、「あの人は頭がいい」と感じると思います。数学が苦手な人はなおさら、数学ができる人の頭脳を優秀に感じると思います。

数学の得意な人、つまり理系的能力の高い人の、どういった点に私たちまわりの人たちは「頭がいい」と感じるのでしょうか。

センター試験を受けるような高校生の場合、文系の人は理科の科目として、暗記で対応できる生物を主に選択しますが、理系の人の場合、そのなかでも特に理系的センスを持っている人は物理を選択することが多いものです。

これは、物理はほぼ数学だと言ってもいいからです。現代物理学の体系は、ニュートンがつくりだしたものです。そして、物理現象を解明するために、ニュートンは微分積分を発明しています。高校数学の到達点は数Ⅱ・Ⅲで学ぶ微分積分ですから、少なくとも高校レベルまでは、物理と数学は同じものと言っていいのです。数学と物理学の基礎を一人でつくりあげてしまったニュートンはとんでもない天才だとあらためて驚かされます。

科目としての数学と物理に共通するのは、どちらも記憶することが少ないということです。基本的な考え方がわかっていれば、たとえば世界史や英語のようにたくさんのことを記憶しなくても問題が解けるのです。

これは、理系的な頭のよさをもった人にとっては非常に楽なことです。

たとえば数学の問題なら、公式さえ覚えていれば、あとはその場で考えることで解くことができます。

それどころか、公式を忘れてしまっても、その場で公式を導くことさえ可能です。たとえば、2次方程式の解の公式は中学校で習って、高校数学でも使います。「$x=\frac{-b\pm\sqrt{b^2-4ac}}{2a}$」という式を苦労して暗記した人もいるかと思います。

ところが、数学ができる人というのは、解の公式をもし忘れても問題ありません。平方完成という原理がわかっていれば、解の公式はその場で導けるからです。もちろん、ここまでわかったうえで解の公式を何度も導き、使っていれば、自然に覚えてしまうでしょうが、数学が苦手な人のように苦労して丸暗記する必要もないのです。

このように、「原理がわかっていると、その場で何とかできる」という能力は、頭のよさを感じさせます。これは、「原理を理解していて、原理を自在に応用できる」とも言い換えられます。例題が解ければ応用問題も解けるという頭のよさです。

勉強にかぎらず、仕事でも私生活でも、応用のきく人、マニュアルに頼らず自分で答えを出せる人というのは頭がいい、有能だ、と評価されるでしょう。

原理がわかっていて、それを個々の問題で使うというのは具体化の能力であり、逆に個々の問題を見て、それを解くための原理がわかるというのは抽象化の能力と言えます。つまり理系人間の頭のよさとは、抽象化と具体化を自在に行き来できるところにあると言えます。

覚えることはできるだけ少なく、シンプルにすることが気持ちがいい。原理を具体化して個別の問題に適用したり、個別のいくつかの問題を抽象化して原理を導いたりすることが快感である。そのような感性をもっているのが、理系人間と言えます。また、その部分を、周囲の人たちも理系的な頭のよさと認識しているのです。

文系的な「頭のよさ」とは何か

「複雑なものをすっきりさせたい」というのが理系の感性であると述べましたが、これに対して文系の感性の特徴は、すっきりと整理するより、むしろ「ごちゃごちゃさせたい」という点にあります。

たとえば、『百年の孤独』という小説があります。一九六〇年代の世界的なラテンアメリカ文学ブームを巻き起こしたガルシア＝マルケスの代表作で、二〇世紀文学を語るうえでは絶対にはずすことができない作品です。

読んでみればわかりますが、『百年の孤独』はとにかくごちゃごちゃした小説です。七世代にわたる長大な物語で、登場人物も当然ながら多い。「またアウレリャノ某っていう名前の人が出てきたぞ。何人目だ？」という感じで、読んでいるうちに誰が何をしたのだかわからなくなってきます。

しかし、そのごちゃごちゃ感がなんともいえない幻想的なおもしろさを生んでいるのです。

あるいは、村上春樹の小説もなかなかおもしろい特徴をもっています。村上氏の文章は、一文一文は明瞭な翻訳文体でわかりやすい。けれども、物語の流れは複雑な謎をはらんでごちゃごちゃとしている。その謎、複雑さに惹きつけられるようにして長編を最後まで読まされてしまう。やはり、ごちゃごちゃとしたカオス的な魅力をもっています。

ドストエフスキーの『カラマーゾフの兄弟』は一九世紀の作品ですが、ものすごい数の研究、評論が出てもいまだにその解釈には決着がつきません。現在でも、研究者たちが新解釈や新発見を提示しています。文学用語では、このように多義的でたくさんの発見がある作品のことを「テキスト性が高い」と言います。やはり、カオス的でごちゃごちゃとしているところに魅力があるわけです。

こうしたごちゃごちゃした作品が文学史上の傑作、名作とされているのは、やはり文系がごちゃごちゃした混乱を好む、カオスが好きということなのでしょう。

特に文学は「人間というのはよくわからないものだ」という複雑さを描かなくてはおもしろくないものです。「人間の性質はこうである。だからこのように行動する。人間と人間が関わるとこのような作用が起きる」と化学式のように割りきった小説はおもしろくもなんともないですし、小説好きな人からは「登場人物に厚みがない」「ステレオタイプな駄作」と酷評されるでしょう。

人間の奥深さ、よくわからないごちゃごちゃした部分が読むほどに増していくような作品が、いい小説と言われているのです。

小説にかぎらず、文系の感性は、具体性のある複雑さを好みます。

恋愛という現象を抽象化してしまえば「好きな人に思いが届くかどうか」ということにつきます。だとすれば、百人一首の恋の歌から現代のラブソングまで、伝えようとしているメッセージは同じでしょう。

しかし、その同じメッセージを手を替え品を替えして、バリエーションをどんどん豊富にしていくことがおもしろいと感じるのが文系の感性です。

この感性は、実は現代の社会でも価値を生む力をもっています。

アップル社が一九七七年に発売したApple Ⅱは大ヒットし、個人用のコンピュータ＝パーソナルコンピュータというコンセプトを世界中に広げました。しかし、Apple Ⅱは世界初のパーソナルコンピュータというわけではありませんし、同時期にパーソナルコンピュータを商品化した企業はほかにもありました。デザインや宣伝方法まで含めた、スティーブ・ジョブズのセンスによってヒット商品となり、コンピュータの歴史に名を残すことになったのです。

同じようなことは、ビジネスの世界ではよくあります。既存商品のパッケージやネーミングを変えただけで売れてしまう。同じ機能をもつ商品なのに、見せ方によってベストセラーになったりまるで売れなかったりする。情報化した現代においては、こうした部分での工夫は大きな力をもちます。

抽象化すれば同じものでも、具体的に見た場合の「襞《ひだ》」のような部分、ごちゃごちゃとした派生的な部分の差で価値がまるで変わってくるのです。具体性、複雑性、カオスをそのままに残しておきたいという文系的な感性が生かされるのは、こうした価値を生み出す場面でしょう。

整理するのが理系的な頭のよさだとすれば、同じような現象のなかでも具体的な複雑さを残し、生かしていくのが文系の頭のよさなのです。これは、ごちゃごちゃしたもの、カオスのなかに価値の源があることに気づける頭のよさとも言えるでしょう。

文系人間が使える理系的思考法

文系の人も、以前は学校で算数、数学を習ってきたはずです。昔取った杵づかで、かつての知識を引っ張り出してくることで、理系的な思考法を容易に駆使することができます。

まず簡単なもので言えば、座標軸の考え方です。複雑な問題で、思考が混乱し、判断がうまくつかないなどというときは、座標軸をつくって思考を整理するのです。原点がゼロで、ｘ軸、ｙ軸を自分で立ててみます。

たとえば、「バイトに対するやりがい」というものを横軸にとり、左から右にいくにしたがって、やりがいがあるとします。今度は、「時給の金額」で縦軸を立てます。上にいくほど時給が高く、下にいくほど時給は安くなります。

こうやってx軸、y軸が交わることで、平面が四つの部分に分けられますが、これを四象限といいます。やりがいがあって高給なバイトは右上のほうにいき、逆に、やりがいもなく時給が安いバイトは左下のほうにいきます。

どんなバイトであっても必ずこの四象限のどこかに納まりますので、整理して、比較検討もしやすくなります。

このとき大事なのが、自分で軸を立てるというところです。この思考法が身につくと、たとえばある商品について、A社、B社、C社の立ち位置を一目瞭然にすることもできます。全体を俯瞰し、一瞬で見えるようにするのが座標軸の思考法です。

座標軸というと難しく思いがちですが、この過程では計算など必要ありません。文系でも大いに活用でき、理系の思考のいいところを拝借できる方法だと思います。

もう一つ、理系的な知識の活用で、文系の人に私がおすすめしたいのは、「写像(関数)」の考え方です。関数として、y=f(x)という式を習ったことがあると思いますが、これはxが決まれば、f(function)の変換をへてyが決まるという式です。

私はこれを中学で習ったときに、「画期的！　なんて頭のいい考え方だ！」と驚いたものです。実数ではなく、ｆという変換のほうに目をつけるというところに、とても感動したのです。

以来、私は常に世の中のさまざまなことを、「ｆ」という変換に着目して見ています。そうすると、多くの新しい発見、アイデアが生まれてくるのです。

たとえば、浮世絵。私たちが作品を見て浮世絵だと認識するのは、作品を浮世絵にしているｆの変換を通しているからです。それは、版画に色をつける独自の様式や線を大事にする描き方などでしょう。彫師や擦師も含めたチームで「ｆ」を共有して制作するから、それは浮世絵になります。またそれらの西洋にはない様式は、ゴッホたちにも強い影響を与えました。

ゴッホの作品においても同じことが言えます。ゴッホというｆを通すと、星を描こうが、木を描こうが、麦畑や人物、ひまわりを描いても、すべてゴッホ流になります。つまりゴッホを変換と考えることができるのです。

ゴッホの描く絵は、すべて「ゴッホ変換」をへているというものの見方です。

そのような見方で世の中を見ると、たとえばスターバックスが多数出店していますが、「スタバ的なもの」とはなんだろう、スタバ流にするfとはなんだろうかと考えることもでき、そこにビジネスのアイデアがあるのかもしれません。

消費者参加型ということをfとしてとらえると、誰かが参加して完成するものとして、カラオケなどがまず思い浮かびます。カラオケは歌の部分を抜いて、消費者が歌うことで成り立つものです。このような「参加する喜び」で成り立っている商品やサービスなどは他にないか考えれば、いくつも出てくることでしょう。

世の中で成功しているものを、「子ども化」しているもの、「高齢者向け化」しているもの、「ひと手間省く化」しているもの、「リバーシブル化」しているもの……といった具合に、「○○化」という変換（f）に着目して見ていくと、新しい発想がどんどん生まれてくるのです。

関数は典型的な理数系のものと思いがちですが、このような考え方で世の中を見るということは、文系の人でもできることです。こういった考え方の部分は、せっかく数学を習ってきたのだから、文系の人も活用していいものだと私は思います。

第３章
理系にはない文系の強み

「文系＝感情的」「理系＝論理的」という誤解

論理的な話し方をする人、論理的にものごとを考える人に出会うと、私たちは「頭のいい人だ」と感じるものです。

文系、理系でいえば、当然、理系の人は論理的な思考が身についています。それは、科学が論理的な思考を基盤としているからです。

一方、文系は「非論理的」と思われがちですが、必ずしもそうではありません。法学部を出た弁護士は論理性をきわめて大事にします。法廷では、当事者双方の主張を論理的に判断しながら審理が進み、裁判官は論理に基づいて判決を下すわけです。

論理的な人がイコール理系であるということではないのです。実は、文系だからこそ、論理的に思考する能力に長けているといってもいいのです。

なぜなら言語運用能力に長けた文系は、言葉を駆使して自分の思考を緻密に論理的に構成しようと自然に行っているものだからです。自分は文系だから、理屈より感性だ、理論より感情だ……などと言って、論理的であることを自ら捨て去ってしまうのはもったいないことです。観察・実験に基づいて仮説を立て、検証していくという理系的なトレーニングをへていなくても、文系も十分に論理的です。

話していてあまり論理的ではない人、何を言っているのかよくわからない人というのは、結局、「言語活動が苦手な人」であり、それは厳しい言い方ですが、文系でもないと言えるのでしょう。

文系の人が感情や感性など、論理的ではないぼんやりした部分を大切にするのはいいのですが、「文系＝非論理的である」と自分自身で規定しないほうがいいでしょう。

前述しましたが、文系のよさはいろいろな説を自由に、またある意味、気楽に立てられるところにあります。とはいえ自由に自説を唱えるにしても、「何に基づいてそう言っているのか?」と問われたときには、根拠を示せなくてはいけません。思想が共通理解として広がるためには説得力が必要ですし、説得力とは論理的でなければ生まれません。

たとえば、文系の学問である歴史学でも、史料に基づく実証性というものが要求されます。論理的に史料によって証明していく実証的な態度は、科学にも近いものですが、文系、理系を問わず、学問に必要とされる基本的な態度とも言えるでしょう。

日常の生活であっても、論理的、実証的である姿勢は大切です。会議で何か提案をしたとき、「君の主張はわかるが、それは君の思い込みじゃないの」と突っ込まれて、「いや、自分のまわりではこうなのです」といった根拠しか示せなければ、誰も説得することはできないでしょう。具体的なデータなどを示して、論理的に説くことが、ここでは求められています。

このように発言するときにしっかりとした裏づけがなければ、非論理的な人間とみなされてしまいますが、こういった場合でも、本来、文系人間は言語運用力を駆使して、論理的に対処していくことがすんなりできるし、その能力も高いはずなのです。

「私は文系人間だから論理的ではない」などとは思わず、論理性を大切にすれば、それは文系人間の強みに必ずなるはずです。

文系は「段取り力」を磨くことで理系の知を手に入れられる

数学も、本をただせば言語でした。いまでこそ、数学といえば数式を並べるもの、というイメージがありますが、現在のような数学的な表記法を確立したのは17世紀の思想家デカルトです。それ以前は、式もかなり言語で表していました。いまある数式というのは、文章を記号化・簡略化したものなのです。

ですからテストの答案などでも、数式だけの解答というのはあまり評価がよくありません。東大の先生たちが受験生の入試答案を採点するときによく言うのが、「もっと数学の答案に日本語をたくさん書いてください」という注文です。「式と式がどうつながっているのかということを、日本語でちゃんと説明してほしい」という要望です。

論理の展開を言葉で説明することは、数学においても求められている能力なのです。こうなると、ますます文系・理系の両者に決定的な差があるわけではないと思えてくるのではないでしょうか。

文系と理系の間には、普通に思われているほどの決定的な断絶はないのです。お互い、どちらも言語活動が根底にあるのです。そして言語運用能力について言えば、それは文系の強みでもあります。

この部分に磨きをかけることによって、文系の人も理系の知の果実、理系的な学問の成果を活用できるようになれるはずです。

言語運用能力というのは、言葉を使って理解し、説明する能力ぐらいに考えてください。

たとえば、ドストエフスキーの『カラマーゾフの兄弟』は、新潮文庫版で上中下巻の大長編小説です。これを「読んできなさい」と渡されて、次の週の授業で適切な感想を述べられる学生は、言語運用能力が高いと言えるでしょう。

数学において求められる言語運用能力とは、問題を把握して、解くための段取りを理解し、それを言語で説明する能力のことです。

よく算数の問題で「一〇％の食塩水Aが一〇〇グラム、五％の食塩水Bが二〇〇グラムある。両者を合わせた食塩水の濃度は何％か」といった問題があります。いわゆる文章題です。

私はこれまでに多くの小学生を教えてきましたが、こうした文章題を苦手とする子は、計算が苦手なのではありません。それよりも言語の運用能力の問題が大きい。事態を把握し、それを言語化することができないのです。つまり、算数ではなく国語が苦手だということです。

文章題というのは、文章の意味を理解して、解く段取りを説明できない人には解けません。

具体的に言うと、まずは「いま、求められていることは何か」を理解できなくてはいけません。

当然、この問題では、「濃度は何％か」と問われているのですから、求められている答えは濃度です。これは、当たり前の国語力があれば判断できます。

次に、「濃度を求めるにはどうしたらいいか」を判断しなくてはいけません。濃度とは、ここでは、「食塩を食塩水全体で割ったもの」です。これは濃度の定義です。つまり、定義を知らなければ濃度の求め方は判断できません。

言葉の定義を知っているかどうか、というのも国語力の問題です。

いよいよ食塩水の濃度を求めるとなると、食塩の量と食塩水の量がわからなくてはいけません。

食塩の量については、「食塩を食塩水全体で割ったものを濃度という」という定義から逆に食塩水全体の量に濃度をかければ導けるとわかります。食塩水の量は問題文に書いてあります。こうして、AとB、それぞれの食塩はすぐ求められます。あとは、Aの食塩とBの食塩を足したものを、Aの食塩水とBの食塩水を足したもので割れば、食塩水の濃度は求められます。これが、この問題を解くための一連の段取りになります。

このように文章から事態を理解し、段取りを説明する能力が言語運用能力で、この段取りを説明することができないと、実際に解を導く作業は行えないはずです。

もちろん答えを出すためには計算能力も必要ですが、その手前で求められているのは、計算能力という算数の力ではなく、国語の力です。設問の文章から何が問われているかを把握し、言葉の定義を正しく理解し、段取りを説明するという言語運用能力なのです。

いまは小学校の算数の問題を例に取りましたが、実は、大学受験レベルの数学までは、同じパターンが通用します。例題を見て、このタイプの問題では何が問われているのか、どのような段取りで解くのかを言葉で説明できるようにしておく。解き方の段取りを何度も言葉で説明する練習をしておく。

すると、実際の問題を見た瞬間に「これはあのタイプの問題だ。こういう段取りで解ける」と判断できるようになるのです。あとは、その問題の数値を当てはめれば答えを出せます。あるいは、「この問題の解き方の段取りはわからないから、捨てよう」という判断ができるわけです。この文系的な対策で、たいていの入試では合格点を取れます。

こういった段取りを理解し、説明できる力は、社会に出てからの仕事でも活用できるでしょう。

文系で技術自体には精通していなくても、解決しなければいけない課題を把握し、どのような段取りでその解を導くのかを整理して示せば、実際の技術的な場面については、「あとはよろしく」と専門の技術者に任せてしまえばいいのです。

文系人間にとって、この段取り力を磨き上げることで、理系の人とも相乗効果をもった関係を築くことが可能になっていくでしょう。

科学力を司っているのは文系的な判断力だ

$E=mc^2$ というアインシュタインの有名な数式があります。cとは光の速度のことであり、エネルギーは質量×光の速度の二乗という意味です。光の速度は定数ですから、この数式は要するに、エネルギーは質量であるということを示した画期的なものでした。

アインシュタインのこの理論は、太陽がなぜあれほどのエネルギーを生み続けられるのかを説明してくれます。また、原子爆弾の発想にもつながっています。科学者、技術者たちが集まって、本当に原子爆弾をつくってしまいました。ここまでは理系の仕事です。

しかし、「それをどう使うのか」あるいは「そもそも使うべきなのか、使うべきでないのか」を判断するのは、科学や技術とはまったく別の問題です。

原子爆弾をつくった理系の人たちは、つくれと言われたからつくっただけでしょう。理論的に可能なものなら、実際にできるかどうか試してみたいと思うのも、研究者なら当然かもしれません。あるいは、ナチスや日本が脅威だから、なんとかしなければいけないというくらいのことは考えていたかもしれません。

しかし、非戦闘員を大量に殺傷する兵器を実際に使っていいのか、これまでにない破壊力をもつ兵器が生まれ、それが使用されることで人類にどんな結果をもたらすことになるのかを判断することは、理系の科学者や技術者の本業ではありません。

それを判断するためには、しっかりとした歴史観をもち、総合的な判断を下す能力が必要です。

第一次世界大戦までの戦争の歴史のなかで、非戦闘員に対して、そのような大量殺戮兵器を使ったことがあるのか。ないとすればいま、ここで使っていいのか。戦争を終わらせるためにそれがどうしても必要なのか。原子爆弾を使って戦争を終わらせたとして、その後の世界はどうなっていくのか。このような判断は公式があって答えが出てくるような科学的なものではありません。「叡智」とも言えるような、歴史観や知識、教養を裏づけとした総合的判断と言えます。

当時のアメリカの指導者たちは、広島、長崎に原爆を投下する判断を下しましたが、現在では、多くの歴史学者が日本に原爆を落とさなくても戦争を終わらせる手段は十分にあったはずだと考えています。

いまでは、地球上に何万発と言われる原子爆弾が存在していますが、広島、長崎への原爆投下がもたらした悲惨な結果を踏まえ、それは使わないという判断が世界でなされています。長崎以降は一発も使われていません。

このように、つくる能力と、それを使うかどうかを判断する能力は別問題なのです。いくらつくる能力、つまり技術力があっても、文系的な総合的な判断力が、その技術力、科学力の運用を左右している場合は多くあります。

原子爆弾というのはあまりにも大きな話ですから、もう少し身近な例を挙げましょう。

アサヒビールの「スーパードライ」が発売されたのは一九八七年。キリンビールが圧倒的なトップだったビール市場は、スーパードライの大ヒットによって大きく様変わりしたと言われています。

開発にあたったアサヒビールの技術者たちは、「とにかく切れ味のいいビールをつくれ」というミッションを与えられて、最初は反発したそうです。切れ味のよさを追求すると、コクや苦みといった味わいが希薄になります。これではビール本来のよさがなくなってしまうと考えたのです。

しかし、「切れ味のいいビールをつくれ」というミッションは、技術者たちのビールに対してこれまで抱いていた固定観念を覆し、大ヒット商品「スーパードライ」の開発をもたらしたのです。

この大ヒットを契機にして、アサヒビールは一〇年を待たずに市場シェアナンバーワンになりました。当時の社長や技術開発部長の「日本の消費者がビールに求めているのはビールらしい味わいよりも、すっきりとした爽快感だ」という判断が的を射ていたのです。

社会の動向や人々の嗜好の変化などを幅広く検討する視点をもち、「いま、時代は新しい味を求めている」と感知する能力が、「とにかく切れ味のいいビールをつくれ」という方針を生み出した。そして、それを実現させたのが科学技術です。そもそもの「切れ味のいいビールをつくれ」というミッションを生む際には、実は科学技術は必要ないのです。

文系のもっている総合的な判断力で、時代が求めているものを読み、その判断に基づいて新製品を構想し、「なんとか実現しろ」と理系の技術者たちにミッションを与える。このパターンは、スーパードライ以外にも、時代を変えた大ヒット商品にはよく見られます。

たとえば、ソニーのウォークマンは、「ラジカセのような大きなものを持たずに、音楽を『持ち歩く』ことはできないか」という井深大名誉会長の発想と、そうした音楽の楽しみ方は必ず現代（一九七〇年代末）の若者に受け入れられるという盛田昭夫会長の判断を、優れたソニーの技術者たちが現実化したものです。

井深さんは電気工学を専攻した理系ですが、一音楽愛好家としての「こんなものがあったらいいな」という消費者ニーズを読む力は、技術的な知識だけではなく、さまざまな視点を背景とした総合的判断力と言えるでしょう。

極限的に小さく、再生機能しかないというシンプルさで、ウォークマンは世界を席巻し、音楽の楽しみ方を根底から変えました。

そのウォークマンに刺激を受けたのが、若き日のスティーブ・ジョブズです。八〇年代、すでにジョブズはシンプルで小さな筐体《きょうたい》の中に、カセットテープではなくいまで言うアプリのようなプログラムを入れて、さまざまな機能を入れ替えて使える道具を構想し、イラストを描いていたといいます。

このジョブズの未来観を技術者たちが現実化したものが、iPhone であり iPad であった、というわけです。

「科学力」よりも、「文系力」が社会を変革する

「こういうものがあったらいいな」という着想と、それを実際につくることとの間には大きな飛躍があります。両者はまったく別の仕事です。

経営者としてビジョンを思い描き、それをミッションに変え、技術者を含めた社員たちに示し、企業を目指すべき方向へ導いて利益をもたらすということは、技術的な作業を実際に行う仕事とは違います。

もちろん科学技術を身につけた人が、経営においてもいい結果をもたらすこともありますが、基本的に経営という仕事は、これまで述べてきたとおり総合的な判断が求められる文系的な仕事です。

日本を代表する企業である東芝は、アメリカの大手原発メーカーであるウェステ

イングハウス社（WH社）を子会社化したことによって、数千億円と言われる大損害を被ったと報道されました。

　もともとWH社を子会社化する当時、子会社化すべきか否か、さまざまなデータをもとに判断したことでしょう。そこには理系的なデータもあったはずですが、最終的な判断は、技術的な視点だけではない総合的な判断であったはずです。

　これはある意味、文系の人のほうが適した判断ですが、そのことによっていま東芝は莫大な損害を被っているのです。一つの判断ミスが、あれほどの大企業を、あそこまで傾けるインパクトを与えていることには驚かされます。

　現代社会の技術革新のスピードを見れば、理系の研究者、技術者を多く育成しなくてはいけないのは当然です。情報分野はもちろん、生物化学や宇宙工学など、科学技術の得意な人材を多く育成すれば、それだけ難問も多く解決できるかもしれません。

　しかし、実際に世の中を動かしていて、社会に大きなインパクトを与えているのは、実は技術力ではなく判断力のほうなのです。

社会により大きな影響を与えるのは、科学技術そのものより、それをどう使っていくかという総合的な判断です。その総合的判断力をもつ人が、いつの世も求められているのです。

もちろん、総合的判断力が大事であるという点においては、文系も理系もありません。理系出身の名経営者たち、あるいはiPS細胞の山中伸弥教授のように、一流の研究者でありながら優れたプロジェクトリーダーでもある人がいい例です。

そうだとしても、やはり私は、総合的判断力を磨くことが文系のミッションであると考えます。文系の人は専門的な科学技術の技量がないのですから、「じゃあ、何ができるの？」と問われたときに「自分には総合的な視点がある」と言えなければ、存在価値を否定することになると思うのです。

また、文系の人のほうがカリキュラムの自由、発言の自由が認められていることによって総合的な判断力を養いやすい立場に置かれているのですから、この部分を武器にすべきだと私は考えます。

文系人間が学ぶべき「相場」と「勘」

では、文系の人が総合的な判断力を養うためには、何をすればいいのでしょうか。

まずは、広くものを知っておくことが大事です。

たとえば、経済のことがまったくわからなければ、ＡＩ技術が市場にどんな影響を与えるのか、ＡＩ技術をどう新製品に生かせるかはわからないでしょう。

逆に、たとえ経済通だとしても、ＡＩ技術について新聞の解説記事程度の知識もなければ、それをどのようにビジネスに生かしていくか判断ができません。

さらに言えば、これまでの市場の流れもわかっていなければ、「いま、この新企画に挑戦すれば、必ずうまくいくだろう」「最近の市場の流れを見ると、いまからやってもうまくいかないだろう」といった判断もできません。

このように総合的な判断力を磨くためには、幅広い知識が必要なのです。しかし、だからといって、むやみに知識を集めればいいというものでもありません。判断力を養うために学ぶべきポイントは、「相場観」と「勘」の二つです。

福沢諭吉も勝海舟も、「相場を知ることが非常に重要だ」と述べています。相場とは、「物事の常識」と言い換えてもいいでしょう。

単純な例で言えば、何かの取引を行う際、その品物の一般的な価格や費用の相場、当たり前の商習慣などを知らなければ、適切な判断を下せない場合が出てきます。しかし、さまざまな分野における「相場」を知っておけば、判断を過つ可能性は減っていくはずです。

前述しましたが、データと数式を駆使する経済学でさえ、現実の経済を予測することにほとんど成功していません。現実は、科学による分析が通用しない現象のほうがはるかに多いのです。

その時に役に立つのが、「勘」です。科学を駆使しても答えの見えない難問に直面しながらも、なんとか的確な判断をして成功にたどり着く人はいるものです。科学の通用しない場面――その代表が経済や政治でしょう――において、なんとなく「これはいける」「これはダメだ」と感じ取ることができる勘をもつ人は優れた指導者に多くいます。

総理大臣としてサンフランシスコ講和条約に調印し、戦後日本の礎を築いた吉田茂は『回想十年』（中公文庫）のなかで、勘の重要性を語っています。政治家という仕事においては勘が決定的に重要で、特に伊藤博文などはこの点が優れていたと述べています。「ここはこれ以上、戦争を広げないほうがいい」「この交渉はここで手を打とう」といった判断が適切にできたといいます。そしてそれは、勤勉にやってきた人間に与えられる贈り物なのだとも述べています。

伊藤博文は、幕末から明治にかけて修羅場をくぐり抜けてきた政治家です。吉田松陰の松下村塾で学び、長州から出てきて、斬るか斬られるかという政治闘争を乗り越えて、明治維新の立役者の一人となりました。そのような修羅場をくぐり抜けてきた経験と、必死になって欧米の知識を幅広く吸収してきたことが、伊藤博文の優れた勘を育んだのでしょう。

伊藤は日清・日露の戦争に対処し、その一方では、大日本帝国憲法や帝国議会をつくるといった近代国家建設のキモとも言うべき大仕事を成し遂げています。近代日本という国家をつくるにあたって、伊藤博文の働きはとても大きいもので、彼もいまで言えば文系の人間でしょう。

少し時代を下ると、大正から昭和にかけて蔵相や首相を歴任し、日本の金融・経済危機を幾度も救った高橋是清なども、優れた勘をもった人物のいい例でしょう。金融緩和をすべきか、すべきでないかといった判断は、総合的なものです。

彼には少年時代、アメリカに渡り奴隷のような生活をしながら学んだ経験がありました。銀行で学び、銀山で失敗した経験もあります。実地で学んだ知識と、苦労のなかで培われた勘が、彼を名宰相にしたのだと言えるでしょう。

システムの本質を見抜く目

伊藤博文と同時代の文系人間に、渋沢栄一がいます。渋沢は、システムの本質を見抜いて導入する能力に秀でていました。

たとえば、銀行は資本主義経済にとって欠かせないシステムです。渋沢は幕臣としてパリ万国博覧会に派遣されたとき、日本にない銀行というシステムを知ります。

銀行でお金をかき集めて、新しく事業を起こそうとする人に資金を提供すれば、どんどん産業が興る。国を富ませるために、国ではなく民間でどんどんお金を回していく。この仕組みで西洋の資本主義は成り立っている。ならば、これからの日本に必要なのは銀行だ。そう判断して、渋沢は後に第一国立銀行の設立に貢献します（国立といっても民間の銀行です）。

また、株式会社や証券取引所といった、資本主義に必要なシステムを次々と日本に導入していきました。

銀行が日本に必要だ、といっても、銀行の建物を建てればいいというものではありません。銀行とは建物ではなく、システムだからです。

渋沢は、あくまでもシステムを導入するという目で、西洋の経済システム、金融システムを学びました。

システムのなかには、もちろん「どうやって紙幣を刷るのか」といった細かい技術も含まれます。しかし、お札が刷れれば資本主義になるわけではありません。紙幣の印刷のような個別的な技術が、全体のなかでどのように活用されているか、というトータルな視野が必要です。

渋沢にかぎらず、明治維新期に新しいシステムを導入するプロジェクトを成功させたリーダーたちは、そういう俯瞰的、総合的な視野をもっていました。技術については専門家ではなかったけれども、システムのなかで科学技術がどういう役割をはたすかがわかっていたのです。

　こういった視点は、技術屋で一つのことに入り込みすぎた人よりも、文系の人のほうがもちやすいはずです。俯瞰して全体像を把握し、そのシステムの本質をつかむという視点は、文系人間が大いに磨くべき部分でしょう。

実は文系人間たちがつくった近代国家・日本

伊藤博文、山県有朋といった、近代日本をつくった明治の元老たちの共通点は、戦争に対して相当慎重であったことです。

維新前後の血みどろの修羅場をくぐり抜けてきた彼らは、戦争の怖さを知り抜いていたこともあったのでしょう。豊富な経験に裏づけられた総合的な判断力で、どんなに国民の非難を受けようとも、戦争を終わらせるべき時は終わらせ、無駄な戦いを避けました。だからこそ日本は、日清・日露の戦争を乗り越えることができたのです。

彼らのような修羅場を経験していない若い世代になると、今度はとめどない暴走をはじめて、それが第二次世界大戦につながっていきます。

明治の元勲たちが成し遂げた仕事の偉大さ、それを可能にした総合的な判断力というものは、「これぞ、文系」と感じさせます。

彼らは専門的な科学技術の勉強はしていませんが、骨太な判断を誤ることはありませんでした。日本に憲法をもたらし、議会をつくり、近代国家としての体制を整える。しかもそれを、非常な速度でやってのけてしまう。

近代日本の草創期に、リーダーたちが見せた意志や判断力こそ、文系人間が手に入れることのできる武器と言えるでしょう。これは特定の科学を勉強してきたから身につくようなものではありません。世の中を広く見て、実際に修羅場をくぐり抜けながら得てきた経験や勘によって身につくものです。

近代日本がつくられていく時期においては、いまでいう文系の人たちが社会全体のビジョンを思い描き、科学技術を活用して国家の運営をしてきたのです。

もちろん、科学技術者の貢献もとても大きいものでしたが、理系が担う個別の技術をどのように発展させ、活用するかというグランドデザインは、文系的な人たちが中心となって描いてきたのです。

いまでも理系的な企業でありながら、トップは文系の人という企業が多いですが、これは明治維新以来、長く続いた文系的判断力への信頼がそうさせていると言えるのでしょう。

文系人間に問われるのは人物鑑識眼

現在の日本で誰もが知る新興大企業といえば、ソフトバンクや楽天の名前が挙げられるでしょう。ソフトバンクの孫正義社長や楽天の三木谷浩史社長は、主に学んできた分野からすると理系ではありません。三木谷さんは、理科系の学部のない一橋大学の出身です。

二人はいずれも、アメリカで勃興したインターネット以降のビジネスをいち早く見聞し、その本質と仕組みを理解しました。それをもってきて、ＩＴ産業という新しい産業を日本に植えつけたわけです。

こうした仕事は、明治時代に渋沢栄一がやったことと似ています。外国に行って、先進的なシステムを見聞したときに「これからはこういう時代になる」ということが瞬時にわかる。そして、「このシステムを動かすためには、あの技術をこう使うのだな」と、技術の使い方をおよそ理解できる。

そして、ただわかるだけではなく、同じ技術を適用して、日本でも同じシステムを活用するための道筋が思い浮かぶ。それが実現したときに日本にどういう影響をもたらすかを予測できる。つまり、ビジョン力があるわけです。

そのうえで単なる思いつきで終わらず、実際に会社をつくったり、買収したり、さまざまな戦略を実行して、現実にマーケットを創出して広げていく実行力もある。ここまで揃っていてはじめて、日本にまだないシステムを導入し、定着させるという大きな事業は実現できるのでしょう。

このように大がかりな仕事をするためには、どんな広告を打つか、関係する官庁とどう折衝するか、資金はどこから集めるか、会社の組織をどうするか……などなど、ありとあらゆる方向に目を配って総合的な戦略を動かさなくてはいけません。

ということは、関わる人も多岐にわたります。プロジェクトの成否は、「どんな人に、どの仕事を任せるか」という判断にかかってきます。つまり、いかに人材を活用するか、誰にどの仕事を任せるかを見極める人物鑑識眼が、経営者の人たちに問われることになります。

実際、渋沢栄一は、この人物鑑識眼を養うことを自分にとっての重要課題と考えていたようです。

渋沢の主著『論語と算盤』はよく知られています。文明開化の時代となり、西洋の「実学」と対象的な、旧時代の教養とされた儒教。その最も重要な経典である『論語』の精神で資本主義経済をやってみせるというのが渋沢の考え方でした。

その『論語』は、人間論の宝庫でもあります。人は何を望み、何に安心するのか。人の言動に隠された意図、そこからうかがえる性格…といったものが、孔子と弟子たちとの問答、孔子による為政者の論評などを通じて生き生きと描かれています。

渋沢が、資本主義経済が勃興するこれからの時代こそ『論語』に学ぶべきだと考えた理由の一つは、人物鑑識眼を養うための格好の教材であるからと言えるでしょう。

伊藤博文は、国家の存亡をかけた日清戦争にあたって、外交交渉を陸奥宗光に任せています。「あの戦争は、結局、自分と伊藤の二人でやったものだ」という意味のことを、陸奥は『蹇蹇録《けんけんろく》』（岩波文庫）という本のなかで回想しています。そのくらい、伊藤は陸奥のことを理解し、任せていたのです。

日清戦争後の三国干渉に対しても、伊藤と陸奥の二人で対応していたようです。日清戦争を日本に有利な条件で終わらせ、その後の三国干渉という窮地も切り抜けることができたのは、陸奥の外交力によるところが大きかったのです。

これも、伊藤が陸奥宗光という人物を見抜く人物鑑識眼をもち、彼を抜擢したからと言えるでしょう。

人物鑑識眼というものは、ある特定の専門分野を学ぶことで身につくものではありません。世の中のこと全般に通じ、人間に対する興味と深い考察を背景としたものと言え、それはまさに文系的な力と言ってもいいものでしょう。

岸信介の「文系力」

一九六〇年、日本はアメリカとの間で結ばれた日米安全保障条約を改定します。このとき、首相として条約改定を断行し、いまに至る日本の安全保障体制の骨格をつくったのが岸信介です。

この条約改定の中身は、簡単に言えば、有事の際にはアメリカの兵隊が血を流して日本の領土を守ると約束させるということです。だからといって、アメリカが危ないときに日本が戦うかというとそうではない。日本は新憲法の下で軍隊を保有しないことになっているからです。このアンバランスな約束をアメリカに認めさせるのは簡単なことではなかったと、岸は語っています。

当時、日本国内では安保改定への反対論が強く、国会前では学生たちのデモが吹き荒れていました。そのような状況下、岸は誰にも相談できず（戦後の日本では天皇に政治的な判断を仰ぐわけにもいきません）、誰がなんと言おうとも自分がやるしかない、という覚悟でやり遂げたのです。『岸信介証言録』（中公文庫）を読むと、当時の岸が感じていた孤独と使命感が伝わってきます。

岸信介は東大法学部で我妻栄と首席を争った秀才中の秀才でした。我妻栄は民法学者で、一昔前までは法学部の学生なら誰でも「我妻民法」を教科書や参考書として使っていたというくらいの第一人者です。一〇年に一人というレベルの大秀才が二人在籍してトップを争っていたのがこの年の東大法学部だったわけです。

文系の最高峰で学び、官僚になり、満州国政府などでさまざまな経験を積んで学んだ岸信介の総合的判断力があってはじめて、安保条約の改定は成り、いまの日本に至っているのです。

北朝鮮や中国の現状を見たとき、「日米安保条約はないほうがいい」と本気で考える人は少ないのではないでしょうか。

その意味では、岸の文系力がいまの日本の安全保障体制の基本を形づくっていると言っても言いすぎではないのでしょう。この安保改定により、日本は防衛に国力を割かずにすみ、経済復興に全力を注げ、高度経済成長期を迎えることになるのです。

時代を動かしていく「文系力」

ここまで見てきたように、いまの日本は、文系力ともいうべき総合的な判断力の積み重ねの果てにここにあると言うことができます。

「理科系的な技術者を育てれば国が栄える」とは、一概に言えないのは明らかです。もちろん、理系的な力、理系力が必要不可欠なことは間違いありません。ただ、優れた理系の人材さえいればいいとは言えないのです。確立した専門分野をもたない、モヤッとした文系の人々。その人たちが、総合的な判断力を発揮し、大きく時代を動かし、社会を担ってきたのです。

文系の人たちのなかには、「文系とは、ただ理系ではない人のことである」「数学や物理に挫折した人が文系である」と認識している人もいますが、それでは自分の存在価値を、胸を張って主張することはできないでしょう。

　これまでの歴史が教えてくれる文系力の意味とは、総合的な判断力をもち、言語の運用能力をもってまわりと協調し、全体の意志決定を進めていく力のことです。社会に大きな影響を与え、物事を進めていく推進役が文系なのです。こういった視点に立ち、文系の人たちも自らの存在価値を再認識してほしいと私は考えています。

　転職活動や定年後の再就職活動に臨んだベテランビジネスマンが、「あなたはどんな仕事ができますか」と聞かれて、「課長ができます」「部長ができます」などと、前の会社の役職のアピールしかできずに失笑を買うという話があります。これなどは、何が自分の存在価値や強みであるかを、考えずにきた文系の人が陥りがちな悲喜劇ではないでしょうか。

　そうかと思えば、優秀な経営者は業界を越えて「異動」することがあります。IT企業の社長だった人が、まったく畑違いの飲食チェーンのCEOに迎えられるといったようなことはよくあります。優れた経営者は、ある業界だからうまくいくのではなく、他の業界でも通用することが多いのです。

このことは、物事を進め、変革を起こしていく文系力は、特定分野の専門知識とは別の次元で、普遍的な力を発揮するということを物語っています。

これは経営者だけの話ではありません。文系力に優れた営業マンは、化粧品だろうと石油プラントだろうと売ることができるでしょう。文系力のある企画マンは、文房具の商品開発でも、過疎地域の活性化でも切れ味のある企画を生み出せるかもしれません。

特定の専門分野を極めたわけではない、しかし広い視野をもった文系人間の力が必要とされることは、どんな組織にもあるのです。その時のために、どのように文系力を磨いておくべきか。それを次章以降で考えましょう。

第４章

社会から求められている文系の力

文系がもつファシリテーターの能力

理系の人のようにはっきりとした専門分野がなく、そこにアイデンティティをもちにくい文系の人が、自信をもって、これからの流動性の高い社会を生きていくにはどうしたらいいか。総合的な判断力を軸とした文系力が必要だ、ということを前章までで述べました。

この章では、文系力をより具体的に説明しながら、文系の生き残り戦略について、つまり、どんなかたちで組織に、社会に貢献していくべきかを述べていきましょう。

文系と理系の学生を一緒に教える講義の際に感じるのは、コミュニケーション能力の差です。プレゼンテーションにしても、ディスカッションにしても、リードしていくのは主として文系の学生です。

もちろん、理系の学生にも、議論の場で自分の主張を論理的にしっかりと立証していく力はありますが、議論を盛り上げたり、活発化した議論をうまく取りまとめていくという場面になると、文系の学生のほうが力を発揮します。

これは私だけの感想ではありません。理系の学生からも「文系の人がいるほうが、議論の取りまとめがうまくいくので助かる」という感想はよく聞きます。文系の学生と一緒になったときに、そのコミュニケーション能力の高さに驚く理系の学生は多いのです。

また、ちょっとしたジョークのおもしろさ、活気や勢い、明るい雰囲気など、コミュニケーションの助けとなる能力においても、文系の学生は優れています。こういった部分も含めた、総合的なコミュニケーション能力の高さが文系の持ち味でしょう。

講義のなかでは、ときどき「物理の法則を替え歌にしてみてください」とか「三権分立を歌にしたらどうなるか」といった課題をいきなり出すことがあります。そういうときも、さっさと何かを思いついて、みんなの前で歌ってしまうのが文系の学生です。つまり、融通がきく。あるいは適応力があるわけです。

何度も言うように、文系の人というのは理系に比べて専門性は高くありません。そのぶん、どんな場面でも適応できる、融通がきくということが武器になるのです。たとえばどこの会社に勤めても、商品が変わってもとりあえず売ってくるという営業マンがいますが、これなどまさに文系的な融通をきかせていると言えるでしょう。

もちろん、文系でもマニアックな人はいます。バルザックだけが好きで、全作品を読破してとにかく詳しい人。歴史オタクで、トルコのケマル＝パシャの時代にしか興味がない人。このようなマニアックな趣味は悪いことではありませんが、社会的に評価される文系力とは少し違います。特に企業にとっては、融通のきかない文系の人というのは戦力として計算しづらい面があるでしょう。

科学的な専門知識を習得しているわけではないのですから、文系の人は融通くらいきかせられなければいけません。いわば、どんな球でも来た球を打てる能力が期待されているのです。場の空気を読み、状況を把握して、その場で求められたアウトプットを出せる。これが文系の人に求められる柔軟性、適応力です。

場の空気を読むということも、コミュニケーション能力の一種です。その場にいる一人一人の心理の総和が場の空気ですから、人の心理を読めない人は、場の空気も読めません。

一人一人の心理からその総和を把握し、その場に的確な言葉を使って場の空気を整えていく。これはファシリテーターの役割でもあります。

ファシリテーターというのは、ディスカッションやブレーンストーミングなどの進行役のことです。また、カウンセラーがクライアントの言葉を引き出すことを「ファシリテートする」と言ったりもします。

その場の議論が行き詰まってしまった場合に、的確な言葉を投げかけることで、議論をよりクリエイティブな方向に動かしていくのがファシリテーターの役割です。商談でも、会議でも、規模の大小にかかわらず、人が集まって仕事をする場では常に必要とされる役割です。また、これは総合的判断力とコミュニケーション能力に長けた文系の人が得意とする領域の仕事です。

さまざまな分野の専門家が集まる組織のなかで、ファシリテーターとしてコミュニケーションを活性化し、議論を取りまとめ、個人の能力をつないでいく。これは文系がもっとも力を発揮する場であり、文系人間の生き残り戦略の一つでもあると言えるでしょう。

コミュニケーション能力の三要素

理系の会社、という言い方がふさわしいかどうかはわかりませんが、たとえば薬品会社、光学機器メーカーといった科学技術系の会社があります。こうした会社では、社員の八割が理系といったことも珍しくありません。

私はよく、こうした会社に講演を依頼されることがあります。このような場合、依頼される講演テーマはほとんどが、コミュニケーション能力についてです。

理系の人が多い会社では、それだけコミュニケーション能力が課題だととらえられているということでしょう。新たな発想を生み出すためのコミュニケーション力、人間関係をつくるコミュニケーション力、組織を活性化するコミュニケーション力といった題名で、講演をよく依頼されます。

こうした講演では、私は話をするだけではなく、実際にコミュニケーションの練習を受講者のみなさんにしてもらいます。理系の人たちは、慣れないことにとっさに対応するのは苦手ですから、最初のうちこそ練習に戸惑います。ところが、段取りがわかると、理解力がありますので、しっかりと取り組んでくれます。

理系の人も実は、普段、あまり意識していないからコミュニケーションが苦手なだけの場合が多く、段取りを覚え、しっかり練習すると、コミュニケーション力はぐんぐん伸びていきます。

これまでコミュニケーション能力というものを意識したり、伸ばそうと考えたことも、理系の人はあまりありませんので、そもそもコミュニケーション力とはなんなのかもわからないケースが多いものです。

コミュニケーションを苦手としない文系でも、あらためて問われたら、明確には答えられないかもしれません。コミュニケーション力を磨くためには、まずはそこをしっかり押さえておくべきでしょう。

私の考えるコミュニケーション力は、三つの要素で構成されています。

①雑談力
②意味を正確にやりとりできる言語能力
③クリエイティブなコミュニケーション

です。

「雑談力」は文系の武器である

一つ目の雑談力とは、人間関係を温めるためのコミュニケーション力のことです。たとえば、初対面の人と話すとき、「どこにお住まいですか」というあたりさわりのない会話からはじめて、一〇分後にはすっかり仲よくなっているというような人は、雑談力に長けた人です。

パーティーに行けば、どんどん知り合いができていつの間にか名刺をたくさん配っている。はじめて訪問したお客さんの家で、帰る頃にはその家の子どもや犬になつかれている。

こういった人との距離を縮め、打ち解け合った関係性を構築するコミュニケーション力が、雑談力と言えるでしょう。

雑談をして人間関係を温めるということは、組織で仕事をしていくうえでもとても重要です。ふだんから他愛のないことを話している関係だからこそ、深刻な悩み事も打ち明けやすくなりますし、何か問題が起こった際にも、お互いにフォローし合うことができます。

こまめに話して、相手のことを知っているからこそ、「この人のミスをカバーしてあげよう」「あいつの失敗なら許そう」という気持ちが生まれるのです。雑談が助け合いの感情を育むのです。

反対に、いかに優秀な人材が集まっていても、自分の仕事だけをしていて、仕事の話だけで雑談などもなく、互いのコミュニケーションがあまりない組織だと、助け合おうという感情が芽生えず、いざというときに脆いものです。どんな仕事であろうと、人が組織でする仕事である以上は、雑談は必要なものなのです。

理系でも、雑談力に秀でた人はもちろんいます。ただ、私が二〇年以上、大学で指導してきた経験から言うと、一般的には理系の人のなかには何げない雑談が苦手な人が少なくありません。

たとえば、合コンに参加しても、女性に何を話していいのかもわからず、相手側を退屈させてしまうといったことはよくあります。

なぜ理系の人たちは雑談が苦手かといえば、それが目的なしの会話だからです。「これこれについて説明しなさい」とか、「このテーマについて議論しなさい」と言われれば、理系の人は文系の人以上にきっちりと話せることが多いものです。前述したように、理系の思考というのは、仮説の検証という目的に向かっていくものだからです。

しかし雑談とは、これといって目的のない、たいした内容もない、脈絡もない、決まった手続きもなくなんとなく続いていくというもので、理系にとってはなじみにくいものなのです。

目的も内容もない話を、言語上の工夫でなんとかしていくのが雑談であり、一般的にそういったことは得意ではないのが理系の人たちなのです。

これとは逆に、雑談力の典型例と言えるのが、いわゆる大阪人の会話です。

私もテレビの仕事などで月に二回くらいは大阪に行きますが、その度に雑談力が異常に高い土地柄であると感じます。

たとえば、仕事が終わっていざ帰ろうというとき、ただ「帰ろう」と言うのではなくて「もう、屁をこいて寝よう」と言う。すると相手も「屁をこかんと寝られんのかい」と返す。

友達の家に上がるとき、「じゃまさしてもらうで」「じゃまするなら、入らんで」といったやりとりがある。これを、小学生でもやっている。

重そうな荷物を持っている人に「持ちましょうか」と言ったら「いいです、いいです」と遠慮された。そこで「そうですか」と引き下がるのではなく、「いや、ワシのこの両手が重たいものを持ちたいって言うとるんや」と切り返す。

講演会などでも、私がマシンガンで撃つまねをしたり、刀で斬りつける仕草をしたりすると、何百人もの聴衆が「ううっ」とやられてくれるのが大阪です。同じことを東京でやっても、冷たい視線が返ってくるだけ。リアクションがまるで違うのです。

どこにでもボケとツッコミを入れてくる。荒っぽいようでウイットと愛情に富んだ切り返しを常に忘れない。相手の言動に必ず反応する。

大阪の人というのは、いわば体ごとの雑談力をもっています。これは、人間関係を温める大きな武器です。

大阪の風土によって培われたコミュニケーション力は、世界にも通用するようです。

実際、大阪人は海外へ行っても押しが強いですし、現地の人とすぐに仲よくなる傾向があります。世界的にもウケがいいのです。

ロンドンに住む知人が言うには、「大阪の人はタフ。すぐにこちらの社会になじむ。東京の人はわりと早く帰ってしまう」とのこと。英語力以前のコミュニケーション能力の差があるようなのです。

東京で見られるような日本人の平均的なコミュニケーションと、大阪人のコミュニケーションのどちらがインターナショナルなスタンダードかというと、少なくとも二十一世紀の日本人は、大阪人のやり方をスタンダードとして、見習ったほうがいいように思います。

理系の人はどちらかというとコミュニケーションが苦手ですから、大阪人的なコミュニケーションスキルをもっていると「あの人、理系っぽくないね」といい意味で評価されます。

逆に、文系でありながらリアクションが悪かったり、いつも最小限の受け答えしかできない人というのは、上司に「お前、もうちょっとなんとかしろ」と言われてしまうことが多いわけです。

文系出身の有能なリーダー、たとえば企業の重役を務めるような人のなかには、異常にテンションが高い人が多くいます。企業研修などで私がジョークを言うと、若い社員たちよりも異常に反応のいい年配の人がいたりします。「誰なんだろう、このおじさん？」と思って、あとで聞くと社長や役員だった、といったことはよくあります。

トップに立つ人は重々しい威厳もありますが、同時に勢いがあって、ノリのよさを感じさせる人も多いのです。これは、雑談力＝人間関係を温めるコミュニケーション力が高い人が上に立つ、という文系力の典型だと言っていいでしょう。

文系特有の「要約再生力」は組織に欠かせない

コミュニケーション能力を構成する要素の二番目は、的確に意味をやり取りする言語能力です。

これは、言われたことがちゃんと理解できるとか、言われたことを正確に要約して再生できるといった能力です。

簡単に言うと、何かを説明されたあとで、「いま言ったことを要約して言ってみて」と急に言われ、「ええっと……」と考えこんでしまうような人は言語能力が低いということになります。

逆に、指示を与えたときに「わかりました。目的は~~で、やるべきことは三つ。一番目に○○、二番目に××、三番目に△△ですね」と的確に要約、再生して確認をとってくれる人は、「この人はわかっているな」「話が早いな」「できる人だ」と評価されるわけです。実際、これができる人との仕事はミスが起きにくい。仕事上のミスとは、ほとんどが情報の伝達ミスによって起きるものだからです。

トラブルを解決する場合にも、言語能力は重要です。

対立する両者の話をきいて、正確に理解できなければ公正な判断はできません。ある程度の規模のチームを率いるリーダーがこうした能力に欠けていると、チームワークが崩壊してしまいます。

一般に、文系は活字に強いというイメージがあります。理系が大学で実験に明け暮れていたとすれば、文系は大量の本を読んできたはず、というイメージです。活字に強い、ということは、これまで述べてきた言語能力の高さの表れです。

長い文章を読んでさっと意味がとれる。本を一冊ざっと読んで大体の内容を把握できる。分厚い資料の束を渡されても大事なところをピックアップして情報を整理し、端的に報告できる。これが文系の言語能力です。

ですから、たとえば新書一冊読むのに三日、四日とかかるようだと、「あなた、本当に文系なの？」と言われても仕方がないでしょう。文系に期待される言語能力に達していないからです。

新書なら一時間で読んで内容を説明できるくらいだと、「さすがは文系」と評価されます。この基礎力があってはじめて、正確で円滑なコミュニケーションが可能になるのです。

ですから、私は「新聞を読め」「新書を読め」という指導を大学一年生で徹底します。新聞を切り抜いて貼り、その記事を説明する。新書を週に三冊から五冊読んで、一冊一分ぐらいで説明させる。このような課題を課すと、さすが文系です。それまでろくに読書をしてこなかった学生でも、週五冊の新書を難なく読むようになります。

これができるようになると、新聞だろうが、本だろうが、ビジネス文書だろうが、素早く読んで理解できるようになります。理科系の知識であっても、数式の出てこない解説書があれば、数時間で大まかな内容をつかんで説明できるでしょう。

「金融緩和はどんな効果をもたらすか」「新自由主義とは何か」といったテーマを

与えられたら、適当な入門書を読んで説明できるようにもなるでしょう。

活字でこれができる人は、実際の仕事でも簡潔で正確なコミュニケーションが取れるようになるわけです。

ですから、文系にとって読書は存在価値に関わる重要な訓練です。読書をしない文系はなんの役に立つのか？　ということになります。

逆に、読書を通じてしっかりと言語能力を養っておけば、特に情報の要約・再生力を磨いておけば、チームのなかでさまざまな人がもっている情報の橋渡しができるようになります。これは、組織にとって欠かせない存在でしょう（具体的にどのように読書をして文系力を磨いていくかは、最終章で説明します）。

もっとも重要な能力、クリエイティブなコミュニケーション力

コミュニケーション能力の三番目の要素は、クリエイティブなコミュニケーションになります。発想力を開花させ、アイデアを生み出すようなコミュニケーションのことです。

話しているうちにアイデアが湧く、という経験は誰にでもあるでしょう。あるいは、この人と話すと、どういうわけかいい発想が出てくるという仕事仲間がいないでしょうか。こういう人は、クリエイティブなコミュニケーションに優れた人です。

クリエイティブなコミュニケーションにはいくつかのポイントがあります。

まずは質問が重要です。新しい角度から質問をすると、相手はいままで気づかなかった角度でものを考えます。すると、新しいひらめきがあることがあります。

もう一つのポイントは、相づちです。

新しいアイデアが出てきたら、「おもしろい」「それはありですね」「いまの話、もう少し詳しくうかがっていいですか？」などと相づちを打って盛り上げ、発案者の気分をよくして、アイデアを膨らませるサポートをするわけです。

だいたいの内容を俯瞰して理解したら、「それが可能でしたら、こういう考え方はどうなのでしょう」などと、補助線を引くように、相手のアイデアをどんどん引き出していく。

相づちから一歩進んで、アイデアに的確なコメントをすることもポイントです。自分の発言に対して、的確にコメントされれば、相手は理解してもらったことをうれしく感じるはずです。そこで気分をよくし、さらにアイデアは膨らんでいきます。

たとえば、相づちを打って拍手する、うなずく、微笑む、ほめまくる、といったリアクションができる人がその場にいると、雰囲気がよくなり、議論が活性化し、クリエイティブになります。

これからの企業は、新しい価値を生み出せないと生き残ることができません。

常に新しいアイデアが生み出される組織とは、クリエイティブなコミュニケーションを大切にしている組織です。

適当なことを言っても「おもしろい」と笑ってもらえそうなリラックスした雰囲気があり、実際に突拍子もないことを言って場を和ませる人がいる場では、新しいアイデアが次々に出てきます。

クリエイティブなコミュニケーション力とは、相手から芋づる式にいいアイデアを引き出してくる力です。

クリエイティブなコミュニケーションの練習としておすすめなのが、相手の専門について質問し続けることです。

私は理系の研究者と話すことがよくあります。こういうとき、私はとにかく相手の専門分野について質問します。「どんな実験をなさってるんですか?」「風洞実験? それはどうやるんですか?」「こんなやり方をしたらどうなりますかね?」

次々に聞いていくと、相手はとにかくよく教えてくれます。理系にかぎらず、専門家というのは、自分の研究分野については本当に楽しそうにいくらでも話してくれるのです。

専門家の話は素人にとっては驚くような知見に満ちていますから、素直に「本当ですか！」「それはすごい！」と反応していると、相手はさらに熱心に話してくれます。

こうして話を聞くのは、自分にとって得難い勉強の機会になるのはもちろんですが、それだけではありません。

「いや、おもしろい研究ですねえ。じゃ、実用化するとしたら、こういう展開もありますかね」

「素人考えですが、こんな実験もおもしろいのではありませんか」といった自分なりの思いつきをぶつけてみると、意外に興味をもってもらえることがあります。

「その発想はなかったなあ」「試してみる価値があるかもしれないですね」というように、専門家が新しいアイデアを生み出す触媒になれることがあるのです。

専門的な知識はなくても、理解力があれば、あらゆる分野の専門家から話を聞くことはできます。質問を繰り返していけば、おもしろくて奥深い知識を得ることができる。

そのうえで、文系の気楽さと、視野の広さを生かして「こんなことも考えられますよね」とコメントしてみる。それが見当違いのコメントであってもまったく問題はありません。こちらは素人なのですから。しかし、時に素人ならではの視点が、理系の専門家の思考を刺激して新しいアイデアのきっかけになることがある。これは、文系と理系の理想的な関係だと思います。

青色発光ダイオードの発明や、ドローンの技術開発といった理系の仕事は、もちろんたいへんな価値があります。同時に、青色発光ダイオードやドローンを使って何ができるか、たとえばどんなビジネスや社会改良が可能なのか、といったことを考え出すのも価値のあることです。後者は専門家ではない文系の役割でもあります。

現代は理系の理論や技術はものすごいスピードで更新され、広がっていきますが、それをどう活用するかという「目の付け所」で、大きな差がつくことは珍しくありません。

文系の役割は、まさにこの「目の付け所」を提案することです。

たいていの組織では、文系の人と理系の人が一緒に仕事をしています。せっかく両者がまざり合っているのですから、文系は積極的に理系の話を聞きましょう。

おもしろがってリアクションをし、質問をぶつけ、笑われることを恐れずに思ったことをコメントもしましょう。

専門家を刺激するクリエイティブなコミュニケーションは、文系のコミュニケーション能力のなかでも、価値の創造に直結する特に重要な力なのです。ここに、文系人間が生き残っていく活路があります。

第5章

「文系力」が世界を変える

理系こそ実は、この社会で軽視されているという視点

本書の冒頭でも触れたように、いわゆる「文系軽視」は最近、議論の的になっています。ここまでは、そうした社会の流れを前提として、いかに文系人間が生き残っていくか、という話をしてきました。

しかし、一方では「理系こそ軽視されているのではないか」という意見もあることは無視できません。

日本の大学受験で、最難関とされるのは東大の理科三類です。「理三」に合格した学生は医学部に進みます。東大医学部でもトップクラスになるような優秀な学生は、医師の世界の頂点を極めることも十分あり得ます。

しかし、ここまで上りつめたとしても、医療行政、あるいは国全体の医療システ

ムを動かしているのは、主として文系の官僚です。

私の友人で、東大理三から医学部に進み、医師になりつつ技官として厚生労働省の官僚になった人がいます。医学部ですから、学生時代には東大の文系の学生より優秀と評価されていたはずです。ところが、省内で官僚としての出世コースに抜擢されるのは、やはり法学部を出た人たちだと言います。

一般企業を見ても、新聞の人事欄に出るような大企業の社長になるのは多くが文系学部の出身者です。それに比べて、理系の技術職として採用された社員は、どんなに優秀でも、「あの人は技術職だから」というふうに見なされ、全体のマネジメントをする経営陣には入れず、技術部門のトップにとどまるというケースが多いものです。

大学の学長選挙といった場でも、強いのは文系学部の教授です。

こうした現実を前にすると、理系の人たちが「結局、世の中を動かしているのは文系じゃないか」「軽視されているのは我われのほうだ」と感じても不思議はありません。

そういう意味では、理系の人をもっと重視して、活躍の場を増やし、文系と理系のアンバランスを正していくべきであるというのも十分にあり得る考え方なのです。

これまで科学立国をスローガンとしてやってきた日本ですが、取り立てて理系の技術もない、科学的な技法を身につけてもいない文系と言われる人たちが実は、組織のなかでは管理職として重用され、世の中を動かしてきたのです。

そこには、これまで見てきたような総合的な判断力、視野の広さやコミュニケーション能力といった文系力に対する期待や信頼がありました。

しかし、それだけではなく、単に「文系が全体を動かすのだ」という習慣、あるいは因習によってもそのようになっている、という面は否定できません。

「女性より男性のほうが全体を見渡す目があるから管理職に向いている。だから男性の管理職が多いのだ」という論理は、いまどき通用するでしょうか。実際には、女性がそもそも管理職になるチャンスを与えられていないだけだ、というのが常識的な見方です。

現に、スウェーデンであれアメリカであれドイツであれ、男性と女性が完全に同じ仕事をする社会では女性の管理職は必然的に増えています。男女の性別ではなく、個人の能力の問題だということがわかります。

同様に、文系のほうが社会のさまざまな所で管理職的な立場につくことが多いといっても、それは理系に十分なチャンスが与えられていないから、という面もあるのです。

このように見てくると、現代が「理系重視の時代」である、というのは、やや一面的な見方であると言えるでしょう。「文系は軽視されている」といったある種の被害者意識をもつよりも、実はこんなにも文系は社会から期待されてきており、実際にいまも現実を大きく動かしていることに着目すべきです。

文系人間としてどのように社会に積極的に関わり、自分自身の特性を生かしていくのかを、この章で考えてみたいと思います。

曖昧な現実を読み解く文系

社会は個人が集まってできています。しかし、社会全体がどう動くか、ということと、個人の心の動きとは次元の違う問題です。

とはいえ、両者は無関係というわけでもなく、やはりつながってもいます。

たとえば、日本が対米戦争に突入しようとしていたとき、国民一人一人の心とはどうだったでしょうか。当然、戦争に反対の人もいました。戦争が終わるまで反戦を叫び続け、投獄された人もいます。

それでも、「もう戦争しかない。やるならやってやる」という気分が国民の間に広がったとき、実際に戦争は起きてしまいます。一人一人の心の中の動きと社会全体の大きな流れは、はっきりとどのようにつながっているかはわかりづらいですが、必ずどこかで影響し合っています。

それは、会社の動きと、社員一人一人の心理との関係でも同じでしょう。全体と個人とは別々に動いているけれども、常に連動してもいるのです。

実は、このはっきりとしない連動のしかたを把握することが、人文科学や社会科学といった文系の学問の目的です。

理系的な学問であれば、数値化し、データを採って、さまざまな観点から実験をして、仮説を検証しながら真理に近づいていきます。

しかしたとえば、文系の学問である経済学や政治学などは、公式があって数値として割り出せるものではなく、なんとなく動いているものです。経済学がいくら科学になろうと頑張っても、いまだに現実の経済を的確に予測することに成功していません。

実際の世の中は、科学的知見や、自分の経験、なんとなくの勘といったものまで動員して、多様な見方を総合したうえで「どうやら、妥当な結論はこのあたりだな」という総合的な曖昧な判断で動いていると言えるのです。

この曖昧な判断で動いていく、曖昧な現実をどうとらえるか。その点を探ってきたのが文系の学問であり、同時に、文系の人たちの得意な点とも言えます。

社会学者のマックス・ヴェーバーは、曖昧な現実をとらえるための道具として、「イデアルティプス」というものを考えだしました。

イデアルティプスは、理念型や理想型と訳されます。簡単に言うと「典型」のことです。

たとえば、上司には「カリスマ型上司」と「官僚型上司」というタイプがある、と考えてみましょう。カリスマ型上司は、人間的魅力によって部下を率いていく上司。官僚型上司は、会社のルールと権限によって部下を規律によって統率する上司です。この場合、カリスマ型上司、官僚型上司というのがそれぞれイデアルティプス＝典型です。

一方、現実の上司はというと、一〇〇％人間的な魅力だけで部下を率いている上司はいないでしょう。逆に、完全に人格的な要素を排除して、会社のルールだけで支配している上司もいないはずです。「〇〇部長は、カリスマが三割、官僚が七割という感じだな」「××専務はカリスマ型に見えるけど、二〇%くらいは官僚型も入っている」というのが、現実の上司です。完全なカリスマ型上司、完全な官僚型上司というのは、現実には存在しません。イデアルティプスはあくまでも頭の中で考えたわかりやすい概念なのです。

しかし、このようにイデアルティプスを設定することによって、ぼやっとした現実が具体的に見えてくることも確かです。実際の自分の上司を、「カリスマ型四〇%、官僚型六〇%」というかたちで分析することができるからです。ヴェーバーの狙いはまさにそこにありました。イデアルティプスという典型を決め、それとの距離によって現実の現象を計測しようと考えたわけです。

ヴェーバーが提唱したイデアルティプスは、現在でも私たちの現実把握に活用されています。

たとえば、少し前に流行して、その後すっかり定着した感のある「肉食系」「草食系」という分類。肉食系男子にせよ、草食系男子にせよ、現実には一〇〇%の肉食系、草食系であったりするわけではありません。しかし、肉食系、草食系というイデアルティプスがあると、現実の男性を「肉食が三、草食が七の草食系男子だ」「自分の感覚として以前は肉食系だったけれど、年をとってきて半分くらいは草食系になってきたね」というように把握することができるわけです。

イデアルティプスは、あくまでも頭の中で考えた概念です。しかし、この概念によって曖昧な現実をとらえることができる。そして、現実の新しい見方を生み出すことができるわけです。

肉食系、草食系について言えば、「男性はチャンスがあれば女性との距離を積極的に縮めようとするのが当たり前」だとこれまでは思われていました。それがなんとなく常識として共有されていたのです。しかし、なかには女性と二人きりになっても別に何もしない、したいとも思わない男性もいる。では、それを「草食系」と名づけようということになる。ここで「草食系」という言葉＝概念が生まれ、反対概念の「肉食系」も生まれます。

言葉が生まれると、便利だから使おうという人が出てきます。「たしかに最近多いよね、草食系男子」「自分は草食系です」「こう見えて肉食系ですよ、僕は」という具合に、言葉が世の中に広がっていきます。

ある程度概念が社会に浸透すると、アンケートを採ることも可能になります。たとえば「あなたは好きだと思っている女生と二人になったときにどうしますか」という質問をして、男性一〇〇〇人のうち草食系は何%、肉食系は何%というパーセンテージを出す。全体のパーセンテージと比較すると、五〇代の男性における肉食系率が明らかに高い、といった発見があるかもしれない。

こうなると、草食系、肉食系という概念を手がかりにして、男性の性意識の変化を科学的に分析することも可能になってくるでしょう。これが、概念による現実把握の力です。

概念＝言葉が社会を変える

繰り返しますが、現実とは曖昧なものです。分子の中に原子があり、原子の中には原子核があって……というように、理系的に分析しつくせるものではありません。人間を細胞まで分解したところで、社会の仕組みがわかるわけではないのです。観察や実験といった理系的方法が通用しないのが現実です。

経済学や心理学がどうしても科学になりきれない理由は、こういったところにあるのでしょう。

しかし、「カリスマ的」とか「官僚的」といった概念を使ってある政治家の人気の秘密を説明することはできます。「イノベーション」という概念を使って、成功する企業の特徴を導き出すこともできるでしょう。フロイトの心理学は科学にはなれなかったとしても、「無意識」という概念を使って人間の心理についてそれなりに説得力のある思想を生み出したと言えます。

文系的な知にとっては、概念＝言葉が現実をとらえるための最大の武器です。これまで意識されてこなかった曖昧な現実に、名前をつける（概念化する）ことによって、現実を可視化するというのが文系の知の力です。

たとえば、アニメやアイドル、コンピュータといった新しい文化に非常に詳しい人たち、特に普通の人には理解できないような濃密なコミュニケーションを行っている人たちが「オタク」と名づけられたのは一九八〇年代のこととされています。オタクという概念が生まれたことによって、ビジネスの世界ではオタクをターゲットにした商品開発やオタクを活用したマーケティングが可能になりました。オタクという切り口で社会問題やコミュニケーション論を語ることも一般化していきました。

いままで気づかれていなかった現象に名前をつけることによって、見えるようにすること。これができるのが文系の強みです。

理系でも、もちろん現象に名前をつけることはあります。ノーベル賞を受賞した湯川秀樹博士が、「中間子」の発見を予言した、というような例です。ただ、理系の場合に難しいのは、新しい概念を生み出すにあたって「科学的根拠はどこにあるのか」と問われることです。その点が曖昧だと、その概念は受け入れてもらえません。

一方、文系の考え出す概念は根拠が曖昧でも許されます。オタクというものの科学的定義や、観察データを提示しなくても、「オタク？　ああ、言われてみれば、自分のまわりにもそんな人がいるなあ」と感じる人がある程度いれば概念として受け入れられます。

ですから、概念をつくることこそが文系の知の中心なのです。

たとえば、哲学者のハイデッガーはたくさんの概念をつくった人です。人間を「時間的な存在」と規定したのがそうですし、おしゃべりばかりしている人を「頽《たい》落《らく》している」と呼んだり、死を覚悟して生きる生き方を「本来的な生き方」、そうでない生き方を「非本来的な生き方」と呼ぶなどして、思索を展開しました。この世界を「道具連関」としてとらえています。

やはり哲学者のニーチェなら、「超人」という概念が有名です。「人間とは、動物と超人との間に張られた一本の綱である」とニーチェは言います。人間は最終地点ではなく、超人に至る途中の過程だというのです。

ニーチェの言う人間とは、どちらかというとひがみっぽく、嫉妬深く、お互いに引きずり下ろし合うような情けない存在です。そういう人間のあり方を常に乗り越えていく存在をドイツ語で「ユーバーメンシュ（超人）」と名づけたのです。

ちなみに、ニーチェの思想に刺激を受けて『人と超人』という戯曲を書いたのがアイルランド人の劇作家、バーナード・ショーです。ドイツ語のユーバーメンシュはここで「スーパーマン」と英訳されます。

ニーチェの考え出した概念だというと難しい感じがしますが、しかし、ひがんだり嫉妬したり、人の足を引っ張ったりという情けない部分は、「そういえば自分のなかにもあるなあ」と誰もが実感できるものです。ニーチェはこうした人間の心理を「ルサンチマン」と名づけました。ルサンチマンを超えて、超人を目指せというのがニーチェの思想です。こう考えると、難解に見えるニーチェの思想も、「たしかにそういうことはある」と感じられます。現実に対する新しい見方を提示する、概念としての力をもっているのです。

あるいは、実存主義には「被投的投企《ひとうてきとうき》」という言葉があります。「被」は受け身を表す字ですから、被投的とはこの世に投げ出されているということ。人間とは、この不条理な世界に投げ出された存在である。しかし、自ら選択し、投企することもできるというのです。

こう言われると、たしかに人は運命に支配されています。この時代、この国に、こういう親のもとで、こういう顔に生まれて、結局いま自分に至ったというのはどうしようもない。だからといってすべてが運命で決まっているわけではなく、私たちは自分で選んで行動することができる。被投的投企という言葉によって、人間とは何かが見えてきます。

もっと古い例では、『論語』も概念の宝庫です。

よほど変わった人でないかぎり、日本人は「礼儀が大事だ」と思っています。これは、『論語』のなかで孔子が唱えている「礼」という概念に起源をもちます。

孔子がもっとも大切にしたのは、「仁」（誠実さ）という心の中身です。それだけでなく孔子は、社会の仕組み、決められたしきたりを正しく執り行うという外面的な行動が社会に秩序をもたらすとして重視しました。これが「礼」です。

たしかに礼儀がとても整っている人は、とりあえず人間性も備わっているように見えますし、安心してつき合うことができます。心根は非常によいのに挨拶ができない人と、心根は微妙だけれど挨拶がきちんとできる人だと、社会性があると評価されるのは後者です。

形あるしきたりや振る舞いを重視するという孔子の「礼」という概念は、日本社会に深く根づきました。その結果、いまでも挨拶ができない人はダメだと言われますし、「礼に始まり礼に終わる」というのが人としてのあるべき姿だとされているわけです。「礼」という漢字一字が日本社会に与えた影響はとても大きいのです。

孔子たちがある行為や段取りを「礼」と名づけて概念化した。その影響は、二五〇〇年後の現在にも続き、日本文化を形づくっているわけです。

曖昧で複雑な現実を言葉にし、概念をつくるという文系力は、時にはここまでの力を発揮することがあります。言葉の力が、社会全体に影響を与えるのです。

変化の速い時代に求められる「ブリコラージュ」

真実はどこにあるのかを、観察と実験に基づいて追求するのが理系の学問です。これは、科学の手続きにのっとって、確実に言えることとしか言わないという態度でもあります。

これに対して、モヤモヤとした現実を相手にする文系は、本当の真実の追求にはこだわらず、とりあえずありあわせの材料でわかる範囲の現実を読み解いていきます。

文化人類学者のレヴィ＝ストロースは、未開の民族がもっている「野性の思考」に注目しました。近代的、科学的な考え方とは違う野生の思考がもっともよく表れているものが「ブリコラージュ（Bricolage）」で、「器用仕事」と訳されます。

その場にあわせて、ありあわせの材料で何かをつくりだす、ということです。哲学や思想の巨人たちが行った概念化の作業から、会社での人間関係まで、文系の仕事というのは究極の真理、厳密な手続きを重視するものではありません。目の前の事態をなんとか解釈して言葉にする、目の前の問題をなんとかその場にある材料だけで解決していく、というブリコラージュ的な性格をもっています。

実際、自分が普段やっている仕事を思い浮かべれば、データと法則にしたがって、決まった手続きによって解決できる問題はあまりないのではないでしょうか。その都度、起きている事態に応じて、経験と勘を頼りに、ありあわせの材料で対応しなければならないことのほうが多いはずです。

そして、現実にその都度なんとか対応していく……というブリコラージュは、変化の激しい現代のような時代に対応していくために最適な方法でもあります。つまり、文系的な柔軟性が求められている時代なのです。

ですから、文系の人でも、あまり思想、信条で固まってしまうタイプは注意が必要でしょう。

データばかりに偏る経営者や、以前からもっている考え方や過去の成功体験に強烈にこだわる人は、ここぞというときに選択を誤ることが多いものです。

文系的なよさは、猛スピードで変化する現実に対して、いま手元にあるもので、柔軟に対処していくところにあると言えるでしょう。

「グレーゾーン」が文系の活躍の場

その場、その場で柔軟に考え方を変えていける、という文系の長所は、厳密な正確さを欠くというマイナス面もありますが、おぼろげに「このようなことだろう」というグレーゾーンの判断には強さを発揮します。

たとえば、大学の入試問題を見てもそれはわかります。数学や物理、化学の問題では、答えは必ず一つに決まるようにできています。

ところが、現代文の問題では、そうはいきません。センター試験のような選択式の問題でも、選択肢すべてが間違いのように見えたりすることは珍しくありません。数学や物理のセンター試験問題で、正解が二つあったら大問題ですが、現代文ではそのようなことがあるのです。

では、どうやって正解が決まるのかと言えば、選択肢のなかで「もっとも適切と思われるもの」が正解になるのです。「どれも完全に正しい答えとは言えないけれど、このなかで比べたらこれかなあ」という選択肢を選ぶことで正解できる。いわば、グレーゾーンでの選択です。

柔軟性があるけれども、正確性にはやや欠けるという文系の知が得意とするのが、こうしたグレーゾーンでの対応です。

私が長年、文系や理系の学生を見てきた経験からしても、答えが一つに決まるのを心地よいと思うタイプは理系の人に多く、そこにあまりこだわらないタイプは文系に多いと感じます。完全な正解がないと耐えられない理系に対して、完全な正解でない答えにも耐えられる文系、とも言えるでしょう。これは気質の問題でもあるでしょうし、もしかすると頭の傾向の違いなのかもしれません。

前述した、できるだけシンプルにすっきり思考したい理系と、ごちゃごちゃと複雑に考えるのを好む文系、という違いとも対応しています。

文学などは、グレーゾーンの典型と言えます。グレーゾーンをできるだけ複雑に書くのが文学で、グレーでなくなったら、小説としては実に無味乾燥なつまらないものになってしまいます。

恋愛なども、グレーゾーンが占める割合の多い領域です。人間関係である以上、常に動きがあるものですし、男性にとって女性は理解しがたく、女性にとって男性は理解しがたいからです。恋愛というのは、まさに答えが一つに決まりづらい問題です。複雑さを楽しむことができる感性がないと、恋愛はうまくいかないものでしょう。

こうした恋愛の複雑さは、グレーゾーンを描く文学にとって格好の材料です。恋愛が絡むと、人間の心理は勝手に複雑に交錯していくからです。

たとえば夏目漱石の作品でも、『三四郎』『それから』『門』の三部作、あるいは『こころ』をはじめとして、恋愛と自我の問題を扱った作品が目立ちます。

よく言われる、理系の恋愛に対する苦手意識というのも、恋愛がグレーゾーンだからでしょう。とても優秀な研究者、あるいはその卵なのだけれども、「女性はぜんぜん理解できない」というタイプの人をしばしば見かけます。

アインシュタインは、「神はサイコロを振らない」と言いました。世界に偶然はなく、なんらかの法則が必ずある。それを発見すればすべては説明できる、という意味でしょう。こうした理系的な発想からすると、なかなか絶対的な法則が見えてこない恋愛というのは不可解であり、ストレスを感じさせるものなのだと思います。

逆に、恋愛がうまくいく法則の追求など最初から考えていなくて、その場、その場でうまくやっていくしかない、という文系的な発想のほうが、恋愛というグレーゾーンにはうまく合致するわけです。

科学の進歩が、文系人間の必要性を奪うか

恋愛に代表されるような現実、複雑で曖昧な人間の営みには理系的な思考はなじみにくいものです。とはいえ、科学はどんどん進歩しているということも忘れてはいけません。

特に注目すべきは、近年のＡＩの進歩です。おそらくＡＩは、やがて人間の判断力の多くの部分を肩代わりしていくことになるでしょう。

たとえば、自動運転用のＡＩは、画像認識によって得たデータから複雑な状況を把握する能力をもっています。歩行者の挙動を見て、「この人はいま、道路に飛び出そうとしている」と瞬時に判断したりできるのです。

ＡＩの急速な進歩を可能にしているのは、ディープラーニングという技術です。

たとえば、仮想的に何台もの自動車が交差点に突っ込んでいく状況をつくり、ＡＩをこの状況に放り込むと、最初は当然、他の車に激突してしまいます。しかし、何度かこのシミュレーションを繰り返していくと、ＡＩはやがてランダムに見える車の動きの流れを理解し、事故を起こさない動きを学んでいくのです。

私は、ディープラーニングのプロセスを映像で見たことがありますが、「この短時間で、こんなに学習するのか」と驚きました。人間の学習速度など問題になりません。しかも、一度ぶつからない動きを習得したＡＩは、二度とぶつかることはない。人間にありがちな、うっかりミスもないのです。

近年、ＡＩが将棋や囲碁の世界でチャンピオンに勝つことが増えてきました。予想されていたよりはるかに早くＡＩが人間のプロたちを超えたのも、ディープラーニングというＡＩにしかできない学習方法のおかげなのです。ＡＩは人間の脳とは桁違いな演算速度をもっていますから、こうしたことも可能なわけです。

こうなると、いままでグレーゾーンだと思われていた領域でも、ＡＩはいずれ人間の判断力を超えるのではないか、という予想が出てきます。

スパイク・ジョーンズ監督の『her』という映画があります。この映画には、女性の人格をもったＡＩが登場します。主人公の男性は、「彼女」と話すことで安らぎを得て、やがて「彼女」との間で満ち足りた恋愛関係を築くまでになります。後半では、その「彼女」が実は他にも多くの男性とコミュニケーションをとっていたことがわかり、しかもそれは人間の浮気とは桁違いの数で……というお話です。

普通の女性なら、いかに恋愛の達人だとしても、同時につき合えるのはせいぜい一〇人くらいでしょう。それでもびっくりするような数です。ところが、この映画に登場するＡＩの「彼女」は万単位の相手とつき合っている。しかも、その全員に対して誠実かつセクシャルなコミュニケーションを同時にできている。

むしろ、相手の数が増えるほどディープラーニングの効率も上がって、ますますコミュニケーションは上手になるでしょう。

そう考えると、恋愛のようなグレーゾーンの典型に見えるものも、パターン化してアルゴリズムで処理できる可能性は十分あります。

ついでに言うと、恋愛をアルゴリズム的に処理するのは必ずしもＡＩの専売特許ではありません。

キャバクラでナンバーワンになる女性は、容姿の魅力もあるのでしょうが、それ以上にコミュニケーション能力が優れているとよく言われます。たとえば、顧客である男性のストレスがどこにあり、何を言ってあげると相手が喜ぶのか、といったパターンをつかんでいるのです。

私が以前ある大学で教えたなかにも、キャバクラに勤めているという学生がいました。普段の彼女は、勉強熱心な学生という印象です。あるとき彼女が、「仕事用の声」というのを披露してくれたことがありました。「じゃあ、切り換えますね」と言った途端、これまでよりトーンの高い、営業用の声になる。受け答えも違ってくる。しかもそれを、自然に長時間続けられるのです。まるで人格が変わったようにです。

「たしかに、こういう対応をされたら、男性のお客さんは気持ちがよくなるだろうなあ」と感心させられました。

実際にこのように対応することで、男性顧客に対して魅力的な女性になれるということは、おそらく男性が女性に恋愛感情を抱くときの心理というものが、かなりパターン化している、ということなのでしょう。

このパターンを「恋愛ＡＩ」がディープラーニングで高速学習すれば、恋愛がグレーゾーンではなくなるのはそう遠いことではないのかもしれません。

これからの世の中では、文系の得意領域と見られていたグレーゾーン、恋愛や経済、政治といった領域も、理系の技術が生み出したＡＩによって人間がとって代わられることがあり得る、と見ておいたほうがいいでしょう。

では、とって代わられる側の文系人間は、どうＡＩとつき合っていけばいいのでしょうか。

ＡＩの技術に関わる部分は、理系の独壇場です。ここには文系の出番はないはずです。

一方、ＡＩをどう使うか、を考えるのは文系の仕事でしょう。たとえば、現実の女性より魅力的に振る舞える恋愛ＡＩができたとして、それを現実の男性が心惹かれるような商品にできるか、それとも「ＡＩとなんか恋愛できるか、モテない男をバカにしやがって」と批判される代物にしてしまうか。このマーケティングのさじ加減は、まさに人間の複雑な心理と向き合わなくてはいけないグレーゾーンです。あるいは、ＡＩの判断力が人間を超えたからといって、人の命や安全、尊厳に関わる領域での判断を任せてよいのか。たとえば医療上の判断をＡＩにさせたとして、その責任は誰が取るのか。こうした問題は、倫理や道徳といったグレーゾーンの判断にならざるを得ません。

科学技術の進歩によって、グレーゾーンが白黒のはっきりした世界に変わってしまうことはあり得ますが、同時に、科学技術をいかに使うか、という場面で新しいグレーゾーンが生まれることも多いでしょう。

そのとき、複雑で曖昧な現実に対して、言葉を武器にして立ち向かっていくことが、ＡＩ時代の文系の役割なのです。

求められる大局的な判断力

変化の激しい時代には、重要な判断を要求される場面も増えてきます。総合的判断力を強みとしている文系の人にとっては、たった一つの判断の誤りが、大きな結果を現実にもたらすということを肝に銘じておくべきでしょう。

組織や集団を率いていくリーダーなら特に、判断することこそが仕事の中心となります。その判断によって影響を受ける人も多くなり、責任はとても重くなります。たとえば、前にも挙げた東芝の例などは、リーダーの誤った判断が巨大な企業グループの従業員や関係者、さらには日本経済全体に暗い影を落としてしまっています。

原子力関係の子会社を買収するという判断のために、数千億、あるいは一兆円とも言われる損害が発生しました。これはまったく予測できなかったリスクではないはずです。日本国内でさえ、原子力はコントロールできないということが、ずっと言われてきました。まして、アメリカのよくわからない原子力関連の会社を子会社とするなど、リスクが大きいのは当たり前です。

東芝の経営陣がそのことを考慮して正当に判断していたら、当然、このような事態にはなっていなかったはずです。

歴史を振り返っても、リーダーの誤った決断が破滅的な結果を招いた例はいくらでもあります。

たとえば、日本の対米開戦です。

「アメリカと戦争をしてはいけない」というのは、当時から世界の常識でした。巨大な象のような大国を相手に戦争をするなど正気の沙汰ではありません。実際、日本はアメリカ本土に飛行機を到達させることさえできずに敗れました。対米開戦と言っても、戦争と呼べるほどの勝負にもならなかった、とも言えるでしょう。

現在の歴史学では、「日本は完全にアメリカとの戦争を避けることができた」というのが研究者の共通した意見です。

なぜなら、アメリカには日本と戦争をしなければならない必然的な理由がなかったからです。

アメリカは当時、アジアに植民地をほとんどもっていませんでした。フィリピンは植民地でしたが、早晩解放するということになっていました。そもそも、第一次大戦後にはウィルソン大統領が「十四か条の平和原則」において民族自決の原則を打ち出し、植民地主義はもうやめようというのがアメリカの立場だったのです。

ということは、アジア太平洋地域において、日本とアメリカの利害は対立しません。利害が対立しない国同士には戦う理由がない。これが、日本がアメリカとの戦争を避けることができた理由です。

実際、終わってみると、負けた日本はもちろん、勝ったアメリカにもなんの得にもならなかったのがこの戦争でした。戦争末期にソ連は領土を広げ、日本から救ったはずの中国は戦後すぐに共産主義化したのです。

これはのちの朝鮮戦争、ベトナム戦争につながり、共産主義との戦いは長くアメリカを苦しめることになります。

ですから、アメリカでも日本と戦争をしたことについては大いに批判があります。むしろ日本と組んでいれば共産主義勢力を抑えられたのに、というのです。フーバー大統領は、『裏切られた自由』（草思社）という回想録のなかで、ルーズベルト大統領の判断を批判しています。

一九一七年にロシア革命でソビエト連邦が成立して以来、共産主義と相いれない資本主義陣営の代表がアメリカであり日本でした。日本の最大理解者がアメリカだった時期は長かったのです。その意味でも、日本の対米開戦はあり得なかった。伊藤博文や陸奥宗光がこんな判断を下すとは考えられません。ところが、大局を見失った昭和のリーダーたちは間違った道を進んでしまいました。

たしかに緒戦の真珠湾奇襲は成功したかのようでしたが、その百倍返しで原爆まで投下されてしまったわけです。

この判断は現代から見て間違いだったというだけでなく、当時の国際情勢から見ても、明らかに間違いでした。

前述のように、ソ連がロシア革命によって生まれたのは一九一七年。この直後から、革命の指導者レーニンは、「資本主義国を弱らせておいて、その混乱に乗じて革命政権を打ち立てるべきである。ついては、アメリカと日本を戦争させるのが一番の得策である」と主張していたのです（『レーニン全集』第三十一巻にあります）。

レーニンの狙いどおり、戦争の混乱に乗じて中国は共産党の支配するところとなり、北朝鮮にも共産主義政権が成立します。

日本でも、戦後の混乱期はコミンテルンの支部である日本共産党の勢力が強くなりました。

戦後の研究によって、開戦時のアメリカ大統領であるルーズベルトの政権内部にはコミンテルン（ソビエト共産党）のスパイがいたことを示す文書も見つかっています。「恐るべし、レーニン」と言えるかもしれません。

しかし、仮にそうした工作があったとしても、日本の指導者たちに大局的な判断力があれば、戦争は避けられたでしょう。日米が戦争をすればソ連を利するということは明らかだったのですから。

　このようにリーダーの下す判断が、歴史をつくり、時代を大きく動かしていきます。その判断の担い手が文系の人たちであり、そこに大きな責任もあるのです。

勝海舟の驚くべき判断力

では、日本人は大局的な判断が苦手なのかといえば、そんなことはありません。日本人は、幕末に幕藩体制を捨てて新しい体制に移行するという決断をしています。

徳川将軍家というのは、初代の徳川家康が神として神社に祭られているくらいで、その権威には絶大なものがありました。その支配体制を変えるなどという発想は、普通出てくるものではありません。

ところが、当時の日本では、幕藩体制の支配階級である武士たちのなかから「もう、幕府ではいまの世の中に対応できない」という意見が出てきました。大国・清がアヘン戦争に敗れ、欧米列強に植民地化されている。日本も近代化して中央集権国家にならなくては同じ運命が待っている。開明的な思想をもったエリートたちが、外国事情に通じていた薩摩藩と長州藩を中心に輩出され、彼らが中心になって天皇を旗印にして行ったのが、明治維新でした。

こうした先進的な思想をもつリーダーは幕府のなかにもいました。その代表が勝海舟です。彼がつくった海軍操練所には坂本龍馬や陸奥宗光などが集い、日本を近代化するための知識を学び、明治維新を推進する力となりました。

坂本龍馬が勝海舟に師事したときのエピソードは有名です。もともと攘夷派だった坂本は、開国派の勝を斬るつもりで居宅におしかけました。ところが、勝に説き伏せられ、その見識と人物に心服して弟子になったのです。

のちに坂本龍馬は、薩摩藩と長州藩を結ぶ薩長同盟の成立にあたって大きな役割をはたします。ここで不思議なのは勝海舟の立場です。もともと坂本龍馬を薩摩の西郷隆盛に紹介したのは勝でした。この人脈によって成った薩長同盟が幕府を倒したのですから、勝海舟は幕府のなかにいながら幕府の終焉を導いたことになります。

勝海舟は、世界の情勢と日本の先行きを見て、自分が属す徳川幕府をソフトランディングさせるべきだと考えたのです。実際、勝が西郷との交渉にあたって江戸城を無血開城したことで、最後の将軍・徳川慶喜は生き延び、徳川家も存続します。

勝にはここで内戦などしていては、欧米列強につけ入られるだけだということも見えていて、大局的な判断を下したのでしょう。これにより、明治維新という一種の革命がありながら、日本は革命戦争で大混乱に陥ることなく、スムーズに近代化の道を歩み始めました。勝海舟という人物の視野の広さ、判断力の確かさにあらためて驚かされます。

第一章で述べたように、江戸時代の教育は四書五経を中心とする徹底した文系教育です。明治維新の立役者となったのは、勝海舟にせよ西郷隆盛にせよ坂本龍馬にせよ、みな文系人間です。

彼らは、近代的な科学教育を受けたわけではなく、また手に入る情報がかぎられていた時代だったにもかかわらず、世界を見すえて判断を誤りませんでした。

中国の清王朝やインドや東南アジアの国々が欧米列強の植民地化を許したことを考えると、これは奇跡的なことです。

文系教育を受けた武士だから明治維新を成し遂げられた

近代化した欧米の国々に侵略されないためには、自らも政治体制や産業を近代化し、近代的な軍隊を備えて対抗するしかない、というのは言ってみれば当たり前の考え方です。

しかし、アジアの国々のなかで日本だけがこれを高い精度で実行できた。これは当たり前のことではありません。

近代的な中央集権国家をつくるためには、封建的な藩は不要です。そこで、明治維新にあたって廃藩置県が行われたわけですが、このときには全国の殿様が一斉に領地を手放しています。

幕藩体制の殿様といえば、自分の領内では天下を取っていたようなものです。それが、廃藩置県で領地を奪われるというのに、抵抗もせずに従ってしまう。当然、武士は全員失業することになりますが、支配階級だった武士たちもそれを受け入れる。そもそも、明治維新自体が、武士たちが起こしたものです。明治維新というのは、そういう不思議な革命でした。

なぜこんなことが可能であったかといえば、日本という国が存亡の危機にあるのだから、私の利益より公の利益、国の利益を優先させなければならない。そのためには自分たち武士階級の特権を捨てる、という大局的な視点が、彼らにはあったからです。

現在の私たちは、ＩＴの進歩による大きな社会の変化を体験しています。これはたしかに目覚ましい変化ではあるのですが、幕末から明治にかけての社会の変化は、これと比べものにならないくらい大きかったはずです。なにしろ、ちょんまげを結って刀を差して歩いていた人たちが、工場をつくらなくてはいけないのですから。郵便が電子メールになる程度の変化は、何もないところに郵便制度ができる変化に比べたら大したことはないでしょう。

明治の人々は、現代人以上の激動の時代のなかで、みごとに判断力を発揮し、柔軟な対応を見せました。

その土台となったのは、四書五経を中心とした、江戸時代までの徹底した「文系教育」のなかで、特に武士階級に培われた精神性です。

武士は、儒教の倫理を学ぶとともに、常に剣術や座禅を通じて精神を修養しています。勝海舟は『氷川清話』（角川文庫）のなかで、剣と禅が自分の土台になったと言っています。

つまり、自らの心の動きを統率する訓練をしていました。現代的な言い方をすれば、メンタルをコントロールする術を身につけていた。あるいは強いメンタルを鍛えていたわけです。

教養を身につけることに加えて、精神の強さを鍛え上げるのが、当時の文系教育だったのです。また、その教育があったからこそ、当時の国家的な難局にあって、大局を見失わず、明治維新という偉業を短期間に完遂することができたのだと言えるのでしょう。

このような心の強さは、現代でも、取り立てて専門的な技術を身につけていない文系の人には求められています。

たとえば文系の学生が、就職活動で「人に接するのは苦手だから営業には行きたくないです」と言ったら、かなり印象が悪くなるはずです。

文系の人間は専門的なスキルがないかわりに、多少の困難にも向かっていくメンタルの強さがあるべきだと考えられているからです。

大学生が就職活動をするとき、私は彼らの内定をもらえる順序がだいたい予想できます。

頭はいいけれどもちょっとメンタルが弱い、あるいは弱そうな印象を与えるという学生はなかなか内定が出ませんが、少々成績が悪くても、メンタルが強い学生、どんな無茶振りにも対応できそうな明るさをもった学生は、すぐに内定が出ます。

明治維新から一五〇年近くたちますが、文系の人たちにメンタルの強さ、心を統率する力が求められているということは、いまだに変わりのないことと言えるでしょう。

新しい時代に求められるライブ空間の文系力

これからの時代、文系が力を発揮するフィールドとして注目すべきなのが、ライブです。

たとえば、いまや音楽はきわめて低いコストで好きなだけ聴くことができます。レコードができて、CDができて、ベンヤミンが言う複製文化というものが浸透しました。そこからさらに、ダウンロードや配信の技術が普及して、CDさえもいらなくなりました。きわめて安価な定額サービスを利用してあらゆるジャンルの音楽を楽しむことができますし、法的な問題はあるものの、無料で聴くことができる音楽もネットにはいくらでもあります。

こうした状況のなかで感じられるのは、特に若い世代に、かつてのような音楽に対する渇望がなくなってきたことです。音楽がライフスタイルの一部であり、小遣いのかなりの部分を音楽を買うためにつぎ込む、といった若者はきわめて少数派になってきています。あまりにも簡単に音楽が手に入るようになり、ある種の麻痺が起きているのでしょう。

その一方で、いまの若者に顕著に見られる傾向が、コンサートやライブを大事にしていることです。CDにお金を使いはしないけれども、ライブやコンサート、あるいは芝居のチケットを買うためならバイトに励むのです。

音楽であれ、演劇であれ、その他のパフォーマンスであれ、ライブ空間には独特の盛り上がりがあります。この熱はライブが終われば消えていってしまうもので、CD音源のように手元に残せるものではありません。しかし、儚《はかな》いものだからこそ、そこには生命の燃焼があります。ライブは、生きている実感を与えてくれる体験です。そのことに、現代の学生は敏感に反応しているのでしょう。

インターネットであらゆる音源や映像が安価に手に入るということは、科学技術によって実現しました。しかし、だからといってYouTubeを視聴している瞬間にすごい燃焼感があるか、充実感があるかというとそうではない。現代人はそのことに気づいて、ライブ空間というものにあらためて価値を見いだすようになってきたのです。メディアが発達してきた末に、いままたライブの時代が訪れたのです。

ライブ空間というのは、あくまでもその場で起きること、それに対する反応によってできあがるものです。演者として参加するにせよ、観客として参加するにせよ、あるいはイベント全体をマネジメントする立場にせよ、偶発的なできごとに柔軟に対応していくことではじめてその空間を楽しむことができます。ライブに強いのは、その場での対応ができる、柔軟性のある人です。

とすると、ライブの時代とは、これまでに述べてきたような文系の力が必要とされる時代と言うことができます。

私の専門である教育の世界でも、ライブの時代の新しい教員像が求められているのを感じます。

数学を上手に教えられる、社会科でわかりやすい授業ができる、というだけでは、いい先生だとは言えません。名講義を聴講したいのなら、ＤＶＤ付きの教材を買えばいいし、予備校が配信している人気講師の講義を視聴すればいいわけです。

教師に求められている能力は録画や再生などができるものではなく、教室というライブ空間での能力です。個々の生徒やクラスの雰囲気を見て、「この子は元気がないな」「この子はもしかしていじめられているんじゃないか」「このクラスの人間関係はどうなっているんだろう」といった把握ができないと、適切に問題を解決していくことができません。

学校にかぎらず、多くの人が集まって何かをしている場というのは、すべてライブ空間です。ビジネスの現場でも情報通信技術が発達し、メール通信など自分の都合のいいときにあとで処理すればいいという仕事も増えている一方で、逆に、顔を合わせて行うミーティングなどのライブ空間の価値が高まってくると私は考えます。

そこで求められているのが、全体の空気を把握して、それをマネジメントできる文系的な対応力だと思うのです。そのライブ空間を楽しめるかどうか、その場をどれだけうまくマネジメントしていけるかが、文系力の新たな活躍の場だと言えるでしょう。

「祭り」とこれからの文系力

人が生きている充実感を感じるライブ空間。その典型は、「祭り」でしょう。祭りは、経済活動として見た場合には決して効率のいいものではありません。何かを生産したら、それをためておく。あるいは再生産のための資本として投資する。そしてさらに生産を拡大する。これが通常の経済活動であり、資本主義的な経済のあり方です。

ところが、祭りではせっかくためこんだものを、一瞬で消えてなくなってしまう大騒ぎに投入してしまいます。

リオ・デ・ジャネイロの人びとは、一年の稼ぎの多くをカーニバルに費やすことが珍しくないといいます。諏訪の御柱祭は、費用がかかるだけでなく、時に死者が出るほどの危険性があるにもかかわらず続けられています。最近では、アルバイトでためたお金を、夏の数日間で行われる音楽フェスティバルで使い尽くしてしまうという若者もよくいます。

エネルギーを放出するだけで、特に見返りはない。投資に見合うリターンがあるわけでもない。しばしば危険で破壊的ですらある。にもかかわらず、なぜ人類は「祭り」「祝祭」にここまで熱中するのでしょうか。

古代からの歴史を見ると、祭りの起源は聖なる儀式です。つまり、祭りは神様に対する捧げものでした。神様に何かを捧げるという行為に、人類は新鮮な喜びと興奮を感じていました。これは、効率的な経済活動という発想よりもはるかに古い、人の根源的な衝動と言っていいものです。

資本主義の世の中に生きていると、経済活動はすべてに優先するように思えてしまいます。しかし、経済的な効率、損得勘定は必ずしも絶対ではなく、人間にとって、それ以上に魅力的で絶対的な行動原理があります。それは、聖なる事業に参加することなのかもしれません。

たとえば、近年の研究では、エジプトのピラミッドは奴隷を無理やり使役してつくらせたもの、という定説が覆されています。むしろ労働者たちは、神につながる聖なる公共事業に喜んで参加し、やりがいをもって働いていたというのです。

当然、神への捧げものである祭りも、聖なる事業の一つです。ここでは、何か見返りを求めるのではなく、エネルギーを使い、ためこんだものを消費すること自体に価値があります。

哲学者のジョルジュ・バタイユは、「消尽」という概念で祭りの魅力をとらえました。消費し尽くすこと、それによって神を喜ばせることが、自分の喜びにもつながるのです。

現代まで続く伝統的な祭り、あるいは現代的な祭りというべきさまざまなライブ空間で人々が感じているのは、まさに消尽の喜びなのでしょう。その場ですべてのエネルギーを燃焼しつくし、あとに残るものは何もない。だからこそ魅力的なのです。

終わったあとは何も残らない祭りの儚さは、人間自体がもっている儚さと同じです。いつか消えてなくなる自分であるなら、何かの複製ではなく、いまここに確かにある「祭り」のようなライブ空間に時間を費やすことのほうに、価値があると考えるようになることは当然のことと思います。

このようなライブへの渇望感は、現代社会でますます高まっていくと私は考えています。その意味でも、現場での柔軟な対応力、適応力に長けている文系が今後さらに必要とされるようになっていくと考えています。

第6章
「文系力」を磨く読書法

文系力を鍛える二つの読書法

最後の章では、これまでに見てきた文系力を鍛える具体的な方法について述べたいと思います。

文系力強化の柱は、なんといっても読書です。文系が武器とすべき判断力、現実への対応力の基礎となるのが、読書によって培われる教養です。前にも言ったように、読書さえしない文系は、文系でも理系でもない、ただのぼんやりした人とみなされてしまいます。

では、どのように読書をしたらいいのか、というのがこの章の内容になります。

読書の方法として、まず心がけるべきことは、とにかく幅広く読むということです。

古典の名著はもちろんおすすめですが、それだけにかぎるということもありません。ユニークな経営者の本や、ナンパの達人が書いた恋愛の指南本からも学べることがあります。好奇心の赴くまま、あらゆる分野、種類の本を読めばいいのです。

また、いかに名著でも、特定の著者だけを信奉すると「○○主義者」になってしまいます。マルクスも読めばヴェーバーも読む、心理学ではフロイトもユングもアドラーも読む。

一つの見方に凝り固まってしまうのではなく、ある意味で妥協的に、さまざまなものの見方を取り入れて、複数の思想を自分のなかに共存させていくような読書をしましょう。視野が幅広く、視点が多角的なことが文系の強みだからです。

文系力を鍛える読書法には、二種類の読書があります。それは、精読と多読です。

精読というのは、特に古典的名著を読むときに有効な方法です。じっくり読んで、何度も読みなおして、自分のなかに著者が住みつくようなところまで内容を身につける読書です。

多読というのは、単に情報を仕入れるための読書です。仕事で必要な知識など、情報を効率よく収集するための読書です。効率を上げるにはスピードが必要なので、速読といってもいいでしょう。

二種類のうち、多読のほうは、精読のノウハウをしっかりと身につければ、その一部を応用することで簡単にマスターできます。そこで、以下ではまず、精読の方法を詳しく説明していくことにしましょう。

著者の人格を自分のなかに入れる読書

エッカーマンの『ゲーテとの対話』というすばらしい本があります。

これは、晩年のゲーテが若き友人・エッカーマンに語ったことを、エッカーマンが日記形式で綴ったものです。内容は人生論、芸術論、哲学をはじめ幅広く、文系的な知のエッセンスというべきものが詰まっています。ゲーテは、青年エッカーマンを通じて、自分の生の言葉を後世に伝えようとしました。エッカーマンはその期待に応えて伝道師となったわけです。

『ゲーテとの対話』は、戦前の旧制高校生にとっては必読書でした。当時のエリートたちにとって、人生の指針となる本だったのです。あのニーチェも、この本を愛読していたといいます。

実際、読んでみると「ゲーテはこの世のほとんどのことがわかっているのではないか」と思えるくらい、その洞察は鋭く深い。私は、豊かな人生を送るためにはこの本を読むことは不可欠ではないか、とさえ思います。

『ゲーテとの対話』を精読するということは、単に晩年のゲーテはこう言った、という情報を得ることではありません。

ゲーテという偉大な人物の思想、考え方を理解して、ゲーテという人間を丸ごと自分のなかに入れてしまうことでもあります。そうすると、それは偉大な他者が常に自分の味方をしてくれることになります。

同様に、ドストエフスキーもニーチェも読み込んで理解できれば、自分の心に住みついて、いつでも助けてくれるようになります。私の場合で言うと、高校生の頃から『論語』を愛読しているので、孔子がいつも心のなかにいてくれるような気がします。

古典的名著を精読していくということは、自分の心のなかに偉大な味方を増やしていくということなのです。

心のなかに味方が増えると、自分を嫌いになることはなくなります。自分ひとりだけを見れば、愚かなことをしてしまったり、欠点が多かったりするでしょう。そんな自分を嫌いになってしまうかもしれない。けれども、自分のなかに住んでいる偉大な先人たちを否定することは難しい。そうなると、自然に自己肯定力が増すのです。

このように、自分のなかに偉大な他者の人格を入れてしまうのが、精読です。

精読にはいくつかの方法があります。一つは、繰り返し読んだり、音読したりすることです。

江戸時代の教育は、四書五経を中心とした漢学教育でした。どうやって漢籍を読んでいたかというと、幼少時から音読（素読）を繰り返し行ったのです。すると、孔子や孟子の言葉とともに、その人格が自分のなかに自然に入ってきます。

「自ら反《かえり》みて縮《なお》くんば、千万人と雖《いえど》も往《ゆ》かん」。自分が正しいと思ったら、敵が千万人いたとしても行こう。これは、吉田松陰が自分を鼓舞するために語った言葉です。その松蔭は孟子を自分の心のなかに住まわせ、難局にぶつかったときの味方にしていたわけです。

また、全集を読むということも、その人間全体を理解し、自分のなかに入れるには、よい読み方です。これは小林秀雄も言っていたことです。よい作品だけではなく、その人の変な作品まですべて読むことで、その人のことがいっそう好きになるということもあります。

精読に際して効果的なのが、書き込むことです。ボールペンなどを使って、読みながら自分でキーワードと思った言葉を丸で囲んでいく。「ここが大事だ」「この一節がすばらしい」と感じた部分に線を引いていく。感想を余白に書き込む。書き込み方は自分の好きなようにすればいいのですが、詳細は『三色ボールペンで読む日本語』を参考にしてみてください。

本に書き込むことの効用は、本当の意味でその一冊が「自分の本」になるということです。線を引いたり、メモを書き込んだりした本はもう古本として売れませんし、人にあげるわけにもいかないでしょう。完全に自分だけのものになるのです。買ってきたままのきれいな状態とくらべて、本と自分との距離がぐっと近くなっている。これだけで、著者が自分のなかに入ってきやすくなります。

一つ気をつけてほしいのは、書き込むときにはボールペンなど、あとで消せない筆記用具を使うこと。一度書き込んだら取り返しがつかないからこそ、どこに線を引くか、どのワードを囲むかについて深く考えるようになります。一度書き込んでしまえば、時間をへて読み返したときに、以前と違う気づきがあったときなど、自分の思考の痕跡を時系列に振り返ることができるでしょう。

読んだ本の内容や著者について人に話す、ということも精読の一環としておすすめです。

中学生の頃、勝海舟の『氷川清話』が好きだった私は、一年ほど常に持ち歩いて繰り返し読んでいました。それだけではなく、この本がいかにおもしろいか、勝海舟という人物がいかに偉大かについて友達に話し続けました。そうしているうちに、次第に自分が勝海舟になったような気分になってきます。偉大な他人を紹介しているというよりは、自分自身について語っているような気がしてくるのです。

ある本について語るときには、その本のなかにある言葉、著者の思考方法を使って考えることになります。だから、読んだ本の内容を語り続けると、自分の思考が著者その人に近づいていくのです。

最初から原典を読まなくてもいい

古典の精読が大事だと言っても、古典名著を大量に読んでいくというのはなかなかたいへんなことです。たとえば、ヘーゲルの『精神現象学』は、長谷川宏さんの翻訳（作品社刊）で五六〇ページにも及ぶ大著です。内容も決して平易とは言えません。忙しい社会人がこれを読み通そうと思ったら、数ヵ月かかってもおかしくないでしょう。このペースでは、年に数冊しか読めません。

そこで、難しい原典を最初から読み通そうとするのではなく、解説書や入門書をうまく活用していきましょう。たとえば、『精神現象学』を訳した長谷川さんは、『新しいヘーゲル』（講談社現代新書）という入門書を書いています。本書と同じ新書版で、わずか二〇〇ページ。これを読むと、ヘーゲルの人物と思想についてひととおりの知識を得ることができますし、ヘーゲルの哲学の中心である弁証法についてもなんとなく語れるようにもなります。

原典を読まなくても、しかるべき入門書や解説書を読めば、古典とその著者との心理的距離はぐっと近づきます。そうなったうえで、原典をパラパラとめくってみる。「この話は知っているぞ」という部分に出くわす。その前後を読んでみると、思いのほかスルスルと内容が入ってくる。こうして、「なんとか読めそうだ」と感じたところでいよいよ本格的に原典に取り組めばいいのです。

古典的名著と言われる本なら、たいていは解説書や入門書が出ています。それもコンパクトで読みやすい新書版が多く、これを活用しない手はありません。

入門書・解説書を読むときのコツとしては、原典からの引用に注目することです。引用されているのはたいていその本の重要な部分、特に魅力のある部分ですから、これをじっくりと読むだけでも原典の雰囲気は伝わってきます。

今度はその引用部分を、原典のなかから探して、原典に線を引いたり、その部分をノートに抜き書きしてみるのもいい方法でしょう。

使えるのは本ばかりではありません。ご存じかもしれませんが、NHKの『100分de名著』という番組は名著への入門として非常に優れています。これまでにレヴィ＝ストロースの『野生の思考』、『荘子』、ルソーの『エミール』、カント『永遠平和のために』、プラトンの『饗宴』など、たくさんの古典的名著を扱っています（福沢諭吉『学問のすゝめ』の回では、私が解説を担当しています）。

この番組を見れば、二五分×四回の一〇〇分で名著のエッセンスを理解することができます。一〇〇分もかけるのはまどろっこしいという人なら、録画しておいて倍速で見れば五〇分です。

また、『100分de名著』は番組テキストもよくできています。安価で薄いテキストはあっという間に読めてしまうので、人によってはこれを使うのが一番手っ取り早いでしょう。

このように、古典を精読すると言っても、必ずしも最初から原典に取り組む必要はありません。まずは手軽な入門書、解説書を使って、古典との距離を縮めるところから始めればいいのです。

引用力、エピソード力で名著を自分のものにする

何度も言っているように、精読というのは、著者が自分のなかに入ってくるまでその本を血肉化する読書法です。このレベルまでいくには、ただ受動的に読んでいるだけではいけません。

前述した「人に話す」という方法もそうですが、能動的にアウトプットしていくことも含めて精読です。

そこで、さらに一歩進んだ方法として、名著の一節と自分のエピソードを結びつけて話す、というやり方を紹介しておきましょう。

名著を精読していくなかで、「これは」と思って線を引いた一節、特に心に残る一文、といったものが見つかるはずです。その文章を引用しながら、それにまつわ

る自分の経験談を話してみましょう。人に話すのでもいいですし、話す相手がいなければ短い文章にまとめてもかまいません。ブログやＳＮＳに文章を載せてみるのもおもしろいでしょう。

たとえば、『論語』に「今、汝は画《かぎ》れり」という言葉があります。「お前は今、やりもしないで自分の限界を定めて、努力しないようにしている」と孔子が弟子の冉《ぜん》求《きゅう》を叱った言葉です。

この一節に感銘を受けたとしたら、自分の人生のなかで、まさにこの言葉が当てはまるようなエピソードがなかったか、考えてみます。

すると、「高校時代、卓球の地区大会で準決勝まで進出した。これでベスト4だ、自分にしては上出来だと満足してしまった。結果、準決勝では全力を出し切れず、以前に勝った相手に惨敗してしまった」といったエピソードが思い浮かびます。そうすると、自分の経験談とセットにして孔子の名言を引用し、語ることができるわけです。

古典的名著のなかの名言、名文を覚えて引用できるようにするというのはいいことです。理解していなければ、適切な状況で引用することもできないでしょう。

また、その一節が、自分のこれまでのエピソードと関連づけられると、より自分のものとなるでしょう。引用したときの重みや説得力が違います。古典の一節が、単なる知識ではなく、自分の血肉になるのです。

ここまでいけば、本物の教養だと言えるでしょう。名著の知恵が、人生のさまざまな場面で活用できるものになるのです。

古典を引用する、自分と結びつけて語る、といったことは、日本の学校教育に欠けている部分でもあります。漢文の授業でせっかく『論語』の一節を読んでも、それはただ知識として解釈し、覚えるものになってしまっているのです。

古典を本当の意味で活用するためにも、著者を自分のなかにより深く迎え入れるためにも、名著の一節を自分のエピソードと結びつけて語るという練習を積んでいくことをおすすめします。

手っ取り早く教養をつける「新書」活用法

古典、名著を精読するという読書とは別に、幅広い分野から情報を得るための多読も文系力を上げるためには重要です。

文系であるなら、言語情報の処理能力が高くなければなりません。言語情報に強くなるためには、まずは、スピードにこだわることが大切です。

大量に速く読むことを意識すると、だんだんと理解力も加速していくものです。私は学生たちに、週に三〜五冊は新書を読むようにすすめています。文系の人だったら、目次を見て、だいたいの流れを理解して、ざっと二〇分もあれば書いてあることがわかるというくらいになってほしいものです。

この場合の読書は、情報を読み取る読書ですから、一字一句精読する必要はありません。本の内容をポイントを外さず理解し、要約して、自分の言葉で説明できるくらいになればそれでいいのです。

仕事で必要な知識を学びたい、政治経済のトピックについて一応の知識を得ておきたい、未知の文化や風俗について知りたい、といったときには、手軽でわかりやすい入門書、解説書を、スピードを意識してどんどん読んでいけばいいのです。

このとき、人に読んだ内容を話してみる、自分の経験と結びつけてみる、といったやり方は、多読においてもそのまま応用できます。そうすることでより効率的に知識を身につけることができるでしょう。

多読において特に便利なのが新書です。

日本の新書文化というのは実にすばらしいものです。老舗の岩波新書、中公新書、講談社現代新書をはじめとして、現在では多くの出版社が新書のレーベルをもっています。そこで扱われているテーマは、およそ社会のあらゆる領域を網羅しているといっていいものです。しかも、学界の重鎮から新進気鋭の研究者まで、多様な著者がそれぞれの視点で書いた作品が山のようにあるのです。

何か学びたいことがあったら、書店の棚で目についた新書を片っ端から読んでみる。ついでに、題名がなんとなく気になる新書、帯の文句に惹かれた新書も領域を問わずに手にとってみる。これだけで、いかにも文系らしい幅広い教養が身についていくはずです。

文系が読書で
理系の知識を身につける方法

文系の人の多くが苦手意識をもっているであろう理科系の知識も、新書を活用した多読によって自分のものにできます。新書がこれだけ出ているわけですから、科学や技術分野のわかりやすくおもしろい入門書はいくらでもあるからです。

たとえば、野矢茂樹さんの『入門！論理学』（中公新書）。高校数学の「命題と証明」という単元で扱われていることからもわかるように、論理学はほぼ数学そのものです。当然、数式が出てきますし、そうなると論理学の本は横書きにならざるを得ません。

ところが、この本は縦書きです。数式が出てくるだけで腰が引けてしまう文系読者を意識しながら、ジョークまじりの軽妙な文体で「背理法とは何か」「論理学における真偽とはどういうことなのか」といったことを誰でも理解できるように書いてあります。しかも、この本一冊で、学問としての論理学がおおよそわかるだけの濃い内容なのです。

理科系の本であっても、このように文系の人、その分野に無知な人向けに書かれた新書はたくさんあります。そのような本であれば、言語情報に強い文系として、しょせん言葉で書かれたものであれば自分にもおおよそ理解できるはずだ、と自信をもって果敢に挑戦してみてください。

新書以外にも、文系が楽しく読める理系の本はたくさんあります。

米山正信さんの『化学のドレミファ』（黎明書房）は、私が中学・高校時代に読んだ本です。対話形式で読みやすく、この本を化学が苦手な完全文系の人に読ませると、「これならわかる」「おもしろかった」という感想が返ってきます。

理系の知識を文系が学ぶ場合に、ぜひ活用すべきなのが図鑑です。特に、子ども用の図鑑は狙い目です。

宇宙の成り立ちやブラックホールの謎、生物の不思議、原子炉の仕組み、素粒子の世界……といった、普通に生活しているとおよそ縁がない科学知識をわかりやすく（まさに、子どもにもわかるように）解説しているだけでなく、現代の図鑑はCGや特殊撮影技術を駆使したビジュアル化にも目を見張るものがあります。『講談社の動く図鑑MOVE』というシリーズのように、DVDが添付されているものもあります。

図鑑というのは、大人が手軽に科学を学ぶためにも最適な書籍なのです。まずは、休日に図書館に行って、小学生に戻ったつもりで図鑑の棚を見てみましょう。たくさんの図鑑のなかには、自分にフィットするものが必ずあるはずです。お子さんがいる方なら、一緒に見るのもおもしろいと思います。

きれいなビジュアルで表現された科学の最新知見を目にして、新鮮な驚きを感じていると、いつの間にか数学や理科に対する苦手意識など消えていくかもしれません。理系の知識を味方につけるための読書は、まずはこういったところから始めればいいのです。

トルストイと孔子に学ぶ、引用の織物としての自分

トルストイに、『文読む月日』という著作があります。ちくま文庫で上中下の三巻になっている本です。

『文読む月日』は、全編が引用です。トルストイが日々、読書をして、これはと思った文章を引用しているのです。晩年のトルストイは、この本に心血を注いでいたといいます。

言うまでもなくトルストイは『戦争と平和』で知られる大作家です。その大作家が、自分の文章を書くよりも後世の人々の役に立つだろう、と考えて他人の言葉を引用し、分厚い本を残したわけです。

もしかすると、ここには読書の本質があるのかもしれません。さまざまな著者の

本を読み、いろいろな考え方を自分のなかに取り入れる。一つ一つの知見は自分のものではなくて、他人のものである。それが組み合わさって、もしかしたらオリジナルの考えも一％くらい加わってできるのが自分である、ということです。考えてみると、読書という営みを可能にしている言葉だって自分がつくったものではありません。

孔子は、『論語』のなかで「述べて作らず」と言っています。自分はすぐれた先人の言ったことをもう一度言っているだけであって、創作しているのではない、というのです。孔子ほど偉大な才能をもつ人がそう言っているのですから、私たちが他人の言葉で自分をつくっていくことはなんら恥ずかしいことではありません。むしろ、読んだ本を引用して、いわば「引用の織物」として自分をつくっていくことが読書の王道なのです。

これは、さまざまな要素を組み合わせて雑誌をつくっていくような、編集の発想と言ってもいいでしょう。

読書を血肉化し、生きた教養にするための引用の効用についてはすでに述べましたが、ここであらためて「ただ読むだけでなく、引用によってより深く本に関わることができる」ということを言っておきたいと思います。

幅広く読書をしていくと、好きな文章に出会うことも多くなるはずです。そんなときには、その一節をノートに書き写していきましょう。名著を引用して、自分なりのアンソロジー、自分版の『文読む月日』を編集するのです。

私の『声に出して読みたい日本語』も、自分が好きな文章を集めて紹介したものです。いまなら、同じことをブログを使って誰でもやることができます。自分のアンソロジーを公表することで、それを読んだ誰かの役に立つということも十分にあり得るのです。

文系とは何か、について本書ではいろいろな観点で述べてきました。専門的というよりは総合的。厳格ではなく、柔軟。シンプルにすっきり、ではなくごちゃごちゃとしたカオスを好む。こうした文系の属性は、一言で言うと「雑」な感じなのかもしれません。

「粗雑」といったネガティブなイメージと結びつきやすいですが、「雑」という文字には、「さまざまな」という意味もあります。雑誌はまさに、さまざまな話題、さまざまな視点を編集した書物です。

多様な本を読み、多様な他者の考え方を自分のなかに取り入れていく。さまざまな考え方、多彩な言葉が自分のなかに同居することをよしとする。そして、さまざまな言葉を統括的な視点から編集することで、自分をつくっていく。これが文系的な読書の真髄だと言えそうです。

文系力を鍛える読書とは、引用の織物のような自分、雑誌のような自分をつくる読書のことなのです。

あとがき

ここまで「文系力」をテーマとして書いてきましたが、最後にあらためて思うのは、文系の人には、文系ならではの力を自覚して、誇りをもってほしいということです。そしてさらに言えば、誇りだけではなく、プレッシャーも自分にかけてほしいということです。

自分は文系であるとしたなら、いったい何が取り柄なのだろうかということを、常に自分に問いかけてほしいのです。文系力が本当に自分にあるのだろうか、単に数学、理科が苦手だった人間というだけではない、何かが自分にあるのだろうか、と考えてほしいのです。

たとえば、あなたの一ヵ月の活字量はどれくらいでしょうか。新聞や書籍、雑誌も含め、活字というものが文系人間の生命線です。活字人間でなければ文系ではないというくらいに思っていただき、一ヵ月の活字量が本にして五冊以下の人は、文系とはなかなか言いづらいというくらいのプレッシャーを自分自身にかけてほしいのです。適度なストレスは、人を若返らせるという説もあります。アンチエイジングのためにも、適度なストレスを自分にかけて、ミッションをクリアしていこうと考えてはどうでしょうか。

常にカバンの中に一冊は新書や文庫を入れておき、カフェでちょっと時間を過ごすときや電車の待ち時間など、さまざまな細かな時間に活字を読むようにしていただくと、振る舞い自体が「この人は文系的だな」というふうになっていくと思います。

私は電車に乗ると少し残念に思うのですが、以前は車内では本や新聞を読んでいる人が一割～二割はいたと思いますが、いまは五％以下でしょう。場合によっては一車両すべてスマホを見ていて、誰も活字を読んでいないということもあります。

スマホでも活字は読めるではないかと言う人もいますが、多くの人はＳＮＳでコミュニケーションをしているのです。コミュニケーションでは深い知識を得ることは難しいものです。

自分の考えに刺激を与えてくれる偉人の言葉を丹念に読み続けることで、内的な思考が深まっていくということが文系的な作業と言えます。ですからぜひ、一つのチャレンジとして、名作と言われるものを電車の中で一ヵ月かけてじっくり読むということをやってみてください。

たとえば高校の授業で読んだ『山月記』でなじみのある、中島敦でもいいでしょう。あらためて読んでみると、中島敦というのは人間描写が見事だし、こんな日本語を書ける人はいないなぁといった感想をもつことでしょう。

あるいは、夏目漱石の『私の個人主義』という講演録がありますが、それなど読んでいると、自分の仕事に対してどういうふうに向き合えばいいのか、といったことが、切なる思いとして伝わってきます。漱石の言葉を通勤のときに朝夕読んでいると、身の引き締まる思いがします。

自分の気持ちを整える行為としての読書を日々行っていて、本なしで外に出ることができないとなったら、これは本当の文系人間と言えるのではないでしょうか。

私は学生時代、冬になるとジャケットの左右のポケットにいつも二、三冊ずつ本を入れていたので、どのジャケットもポケットが膨らんで伸びてしまっていました。つい先日も、いつもバッグに本を入れ過ぎていますので、ついに肩に掛ける皮ベルトが切れてしまったということがありました。

本当にこんなに本を読んでどうするんだろうと我ながら思いながらここまできましたが、その結果いま思うのは、読書なしの人生というのは文系の自分としてはあり得なかったということです。読書は偉大な他者との対話です。そこでの深い対話を通して、思考を深め、そこで得た語彙力をもって、人と深い対話をする。この対話力もまた、文系の人の得意にすべき分野だと思います。

文系なのに語彙力がない。文系なのに対話力がない。文系なのに読書力がないということでは、文系とは言えません。こういう人たちは、いったい何系なのか、という問いを、私はときどき学生たちに冗談で投げかけますが、みなさんはご自分で、自分自身に自分は本当に文系力があるのか、という問いを投げかけ続けてください。そして、出かける前に文庫本や新書を一冊、バッグに入れなければ出かけられないという習慣を身につけていただきたい。

そのような習慣を一ヵ月、半年、一年、一〇年と続けていったときに、あらためて五〇歳、六〇歳になったとき、「ああ、文系であった甲斐があるなぁ」と感じていただけるのではないかと思います。

私自身はこれから先も、ジャケットのポケットが広がり、そしてバッグがパンパンに膨れ上がり肩掛けの紐が切れたとしても、同じように活字との生活を続けていきたいと思っています。それが一つの、文系の人の人生を楽しむコツ、幸福術なのではないかと思います。

この本の出版にあたっては、川端隆人さん、詩想社の金田一一美さんにお世話になりました。ありがとうございました。

齋藤孝

詩想社新書

詩想社新書発刊に際して

詩想社は平成二十六年二月、「共感」を経営理念に据え創業しました。なぜ人は生きるのかを考えるとき、その答えは千差万別ですが、私たちはその問いに対し、「たった一人の人間が、別の誰かと共感するためである」と考えています。

人は一人であるからこそ、実は一人ではない。そこに深い共感が生まれる――これは、作家・国木田独歩の作品に通底する主題であり、作者の信条でもあります。

私たちも、そのような根源的な部分から発せられる深い共感を求めて出版活動をしてまいります。独歩の短編作品題名から、小社社名を詩想社としたのもそのような思いからです。

くしくもこの時代に生まれ、ともに生きる人々の共感を形づくっていくことを目指して、詩想社新書をここに創刊します。

平成二十六年

詩想社

齋藤孝（さいとう　たかし）

1960年静岡県生まれ。東京大学法学部卒業。同大学大学院教育学研究科博士課程等を経て、明治大学文学部教授。専門は教育学、身体論、コミュニケーション論。著書に、『声に出して読みたい日本語』（草思社）、『雑談力が上がる話し方』（ダイヤモンド社）、『語彙力こそが教養である』（KADOKAWA）、『知性の磨き方』（SBクリエイティブ）などがある。

詩想社
— 新書 —

19

「文系力」こそ武器である

2017年10月30日　第1刷発行

著　　者　齋藤孝
発 行 人　金田一一美
発 行 所　株式会社 詩想社
〒151-0073　東京都渋谷区笹塚1—57—5 松吉ビル302
TEL.03-3299-7820　FAX.03-3299-7825
E-mail info@shisosha.com

D　T　P　株式会社 キャップス
印 刷 所　株式会社 恵友社
製 本 所　株式会社 川島製本所

ISBN978-4-908170-02-7

詩想社新書